O SIGNIFICADO DA FELICIDADE

ALAN W. WATTS

O SIGNIFICADO DA FELICIDADE

A busca da liberdade de espírito na moderna Psicologia e na Sabedoria oriental.

Tradução de
Luiz Carlos Rocha

EDITORA PENSAMENTO
SÃO PAULO

Título do original:
THE MEANING OF HAPPINESS

Edição	Ano
2-3-4-5-6-7-8-9-10	90-91-92-93-94-95

Direitos de tradução para a língua portuguesa no Brasil adquiridos com exclusividade pela
EDITORA PENSAMENTO LTDA.
Rua Dr. Mário Vicente, 374 – 04270 – São Paulo, SP – Fone: 272-1399
que se reserva a propriedade literária desta tradução.

Impresso em nossas oficinas gráficas.

SUMÁRIO

Prefácio para a Segunda Edição

Este livro apareceu pela primeira vez na primavera de 1940, no momento em que a Segunda Guerra Mundial eclodiu desenfreada em toda a sua violência. Não obstante ter sido publicado na hora mais desfavorável, além do fato de que seu título conferiu-lhe a aparência externa de uma espécie de "literatura de inspiração", bastante afastada de seu conteúdo interno, "O Significado da Felicidade" foi grande sucesso por muitos anos, durante os quais recebi repetidas solicitações para a sua republicação.

Hesitei em concordar com esta pretensão porque, sob muitos aspectos, minhas idéias evoluíram indo além da filosofia de um livro escrito quando eu tinha apenas vinte e quatro anos de idade.

No entanto este livro e mesmo um outro mais recente, "O Espírito do Zen", permanecem como favoritos de muitos leitores. E desprezando algumas imaturidades de estilo e organização, ou, de certas linhas de desenvolvimento, o tema fundamental deste livro é, para mim, tão válido e tão importante como sempre. Continuou como a introspecção básica de tudo o que escrevi posteriormente — livros nos quais tentei expressar isso através das várias e diferentes linguagens filosóficas e religiosas.

Este tema está relacionado com a realização da "felicidade" conforme a sua interpretação aristotélica e tomística, isto é, como o verdadeiro fim ou destino do homem, como união com Deus; ou, em termos orientais, harmonia com Tao,[1] ou moksha,[2] ou nirvana.[3] O ponto no qual tenho insistido de muitas e diversas formas é, podemos dizer em poucas palavras, que este estado especial e supremo de felicidade não é um resultado a ser alcançado pela ação, mas algo

---

1. *Tao*: caminho, em chinês; daí taoísmo, religião e filosofia chinesas baseadas nas doutrinas de Lao-tse.

2. *Moksha*: libertação espiritual ou "iluminação" Meta final da série de renascimentos, segundo a fé hinduísta.

3. *Nirvana*: extinção da individualidade e sua absorção no supremo espírito do Universo. A beatitude budística.

a ser alcançado pelo conhecimento. A esfera da ação é para representá-lo, não para adquiri-lo.

A exposição deste tema envolve uma série de peculiares dificuldades quanto à lógica e psicologia. Do ponto de vista rigorosamente lógico, as palavras em que este tema está exposto não significam exatamente nada.

Nos termos das grandes filosofias orientais, a infelicidade do homem está arraigada ao sentimento de ansiedade que acompanha sua sensação de ser um indivíduo isolado ou ego totalmente separado da "vida" ou "realidade". Por outro lado, a felicidade — uma sensação de harmonia, plenitude e totalidade — vem com a concepção de que a sensação de isolamento é ilusão. De fato, aquilo *que sente a si mesmo estar separado, a consciência individual isolada, é idêntico àquela Realidade universal e integral, da qual todas as coisas são manifestações.*

"O Significado da Felicidade" explica que o equivalente filosófico dessa doutrina é um estado de espírito chamado "aceitação total", um dizer sim a todas as coisas que experimentamos, a aceitação irrestrita do que somos, do que sentimos e conhecemos, neste e em todos os momentos.

Dizer, como no Vedanta,[4] *que "tudo é Brahma", é dizer que este universo inteiro deve ser aceito. Em outras palavras, a cada momento somos o que experimentamos e não há possibilidade real de sermos diferentes daquilo que somos. A sabedoria, portanto, consiste na aceitação do que somos, em vez de lutarmos inutilmente para sermos algo mais, como se fosse possível fugir de nossos próprios pés.*

Mas, se não podemos fugir dos próprios pés, também não podemos persegui-los. Se é impossível fugir à realidade, do que é agora, é igualmente impossível aceitá-la ou abraçá-la. Não podemos beijar os nossos próprios lábios. Falando logicamente, a idéia de aceitação das próprias experiências em sua totalidade não significa nada. Pois, a afirmação "sim" tem significado apenas em relação a "não", de modo que, se dissermos "sim" a tudo, a palavra deixa de ter qualquer sentido. Eliminar todos os vales é livrar-se de todas as montanhas. Dentro dessa lógica, é igualmente sem significado dizer

---

4. *Vedanta*: sistema de filosofia hindu momística ou panteísta, baseada nos Vedas.

"Tudo é Brahma", visto que afirmações aplicadas a quaisquer experiências, sem distinção, nada acrescentam ao nosso conhecimento.

Quando eu disse que o universo inteiro é vida, realidade, Tao ou Brahma, eu não disse nada mais do que "tudo é tudo".

É fácil, então, concordar com o crítico deste livro que disse: "A montanha desenvolveu e gerou um camundongo". Porém ele estava equivocado quanto a um pequeno aspecto. Não havia camundongo.

E neste insignificante detalhe encontra-se a verdadeira importância deste livro — o significado oculto nas entrelinhas, porque não pode ser expressado com palavras.

Entre as linhas há o papel, o aparente vácuo ou nada, no qual as palavras são impressas e que é absolutamente indispensável para que elas o sejam. De modo um tanto similar, a Realidade ou Brahma é a base essencial de todas as coisas e experiências.

Se eu disser que o papel fica por baixo de cada palavra nesta página, eu poderia talvez ser entendido como se tivesse dito algo assim:

Papel fica por baixo de cada palavra nesta página papel papel papel papel papel papel papel papel papel o que não é sensato nem verdadeiro.

Como as palavras não podem "revelar" o papel por baixo delas, porque o papel não é uma outra palavra, do mesmo modo por meio da lógica não podemos expressar a Realidade. Em lógica, as palavras não significam nada, se elas não descrevem experiências específicas. Mas, como o papel não é uma palavra, a Realidade ou Brahma também não é uma experiência específica. A afirmação "Tudo é Brahma" é, na verdade, absurda, se Brahma for empregado, como a maioria das palavras, para denotar uma experiência especial.

Assim, se Brahma não for nada do que podemos experimentar, para que se preocupar em falar sobre isso? Não estou dizendo muitas palavras pomposas a respeito de algo de que nada conheço?

Eis aqui o porquê do camundongo inexistente que a montanha desenvolveu. Não conheço Brahma da mesma forma que não vejo a visão.

Se eu sou a Realidade, eu não posso alcançá-la. Não posso fugir nem aceitar a Vida, o Tao, que é a experiência deste e de todos os momentos. Todas as tentativas de fugir à vida ou de aceitá-la são um círculo vicioso, uma total insensatez, tal como querer conhecer o conhecimento, sentir o sentimento ou queimar o fogo.

> *É somente quando você a procura que você a perde.*
> *Você não pode agarrá-la nem livrar-se dela;*
> *Enquanto você nada pode fazer, ela segue o próprio curso.*
> *Você permanece calado e ela fala; você fala e ela fica em silêncio.*

E então, o que fazer?

Isso é o que milhões de seres humanos fazem, tornando-se assim totalmente infelizes. A atividade da montanha é o esforço fantástico do homem para alcançar o mistério da vida, para encontrar-se com Deus, para conseguir a felicidade, para atingir o absoluto, eterno Ser. Agarram-se a sua própria mão. Procuram o que nunca perderam. Sufocam-se ao reter a própria respiração.

Essa insensatez é possível somente na base do sentimento de que "eu" sou uma coisa e a "vida" ou "realidade", uma outra, de que o conhecedor está separado de seu conhecimento, o conhecido. Este livro sugere uma total aceitação da experiência sobre o que o Budismo chama upaya — um método para atingir um despertar. A esperança é que, na tentativa de aceitar a vida integralmente, se descobrirá, não só teoricamente, mas de fato, que "quem quiser salvar a sua vida, a perderá", porque estará se esforçando na impossível tarefa de se "auto-amar". A psique do homem médio é um verdadeiro nó de tensões por querer agarrar-se com firmeza permanente à vida, que é sua própria essência. A tentativa de "aceitar" a vida retesa esse nó até o ponto onde a própria impossibilidade da tarefa revela o seu absurdo.

Quando realmente isso é realizado, e, repito, não simplesmente em teoria, apossa-se do ser esse estado de libertação ou alívio da autotensão, que é o significado de moksha, nirvana e Tao — a força criadora da vida — flui livremente, não mais bloqueada pelo esforço de reversão sobre si mesma.

Escrito muito tempo depois do próprio livro, isto é talvez mais um epílogo do que um prefácio, e fará bem o leitor em recorrer a ele novamente depois de ter lido o que segue no espaço das páginas, mas que o precede no tempo.

ALAN W. WATTS

Academia Americana de Estudos Asiáticos, São Francisco, 1952.

Prefácio aos Leigos e Especialistas

Os livros sobre a felicidade apresentam-se geralmente de duas maneiras. Os que nos dizem como nos tornarmos felizes através da mudança das condições externas e aqueles que nos dizem como nos tornarmos felizes através da mudança de nós mesmos. Portanto, se tais livros não são mera filosofia, ambos continuam a dar recomendações práticas quanto aos modos e aos meios pelos quais a felicidade pode ser alcançada, expondo uma técnica espiritual, psicológica ou material para alcançarmos o resultado desejado.

Este livro não se enquadra em nenhuma dessas duas categorias; seu autor acredita que a mais profunda felicidade está além do alcance de qualquer técnica sob o sol. Mesmo que ele alegue que este livro é estritamente prático, não indica uma simples regra da qual se possa lançar mão para nos tornarmos felizes.

Naturalmente se perguntará: "se não há nada que se possa fazer, para si mesmo ou no que nos rodeia, para se alcançar a felicidade, qual o objetivo de escrever um livro se no final se chega a tão desanimadora conclusão?". Mas a conclusão não é desanimadora. A grosso modo, pode-se dizer que é possível, de certa forma, tornar-se feliz sem se fazer nada. Nós não vamos tão longe, como a dizer que sem saber, o homem já é mais feliz do que jamais sonhou. Obviamente, isso não é verdade, embora esteja muito próximo dela. Pois o objetivo deste livro é demonstrar aos homens e mulheres algo sobre eles mesmos, como eles são agora, que se compreendido, instantaneamente criará a maior felicidade que o homem é capaz de conceber. Mas isto não significa um mero estado de conforto emocional ou mental ou de júbilo, mas sim uma experiência interior do espírito que persiste através do sofrimento mais profundo.

Como este livro é dirigido principalmente aos leigos, o autor espera ser perdoado por referir-se freqüentemente a dois ramos do conhecimento, que são geralmente patrimônio exclusivo dos especialistas, a filosofia da antiga Ásia e certos aspectos da psicologia moderna. Portanto, ele teve que empregar uma série de termos especiais, desde que a língua inglesa às vezes não está equipada para expressar certas idéias completamente, com palavras objetivas, sem lamentáveis confusões e equívocos. Ele confia, então, no fato de que tais termos estejam suficientemente explicados, mas pede que seja levado em conta que cada homem fala uma língua diferente e que, às vezes, parece como que se as palavras foram feitas para deturpar os pensamentos. Por outro lado, ocorre com freqüência que o especialista — o filósofo profissional ou o psicólogo — deleita-se com o uso preciso das palavras e, às vezes, ele achará este livro extremamente irritante, porque faz uso de palavras cujos significados são muito claros ao homem comum, mas completamente obscuros ao filósofo.

Por exemplo, podemos tomar palavras tais como "vida", "natureza", "amor", "destino" ou "alma". Estas palavras foram empregadas livremente, porque são palavras "vivas", que, se lidas sem sofismas hipercríticos, podem significar mais que qualquer número de termos especiais. Assim, é possível verificar que o autor tentou seguir uma trajetória média entre os dois extremos da supra-simplicidade e o do excesso de técnica.

Alguns orientalistas e psicólogos podem queixar-se de que suas pesquisas tenham sido grosseiramente mal usadas e mal interpretadas em algumas das conclusões delas extraídas. Vários aspectos da teologia cristã podem parecer ter sofrido do mesmo mal, mas para aqueles que desejam indagar mais de perto as fontes originais há notas indicando os capítulos e os versos no final deste livro. Uma coisa mais deve ser esclarecida, tanto aos leigos como aos especialistas e, particularmente, aos críticos: cada capítulo deste livro é uma introdução ao último, sobre o assunto do qual a validade integral do tema central depende e que não deve ser julgada separada do mesmo.

Concluindo, o autor deseja agradecer ao Dr. Charles G. Taylor, de Nova Iorque, por sua opinião no preparo de uma importante seção do texto original e também ao Rev. Sokei-an-Sasaki, por permitir que o autor consultasse sua tradução de um texto que de outra forma teria sido inacessível.

ALAN W. WATTS

Nova Iorque, Janeiro de 1940.

Às vezes despidos, às vezes loucos,
Ora sábios, ora como parvos,
Assim surgem na terra
Os homens livres!

Poema hindu.

Introdução

Durante os últimos cinqüenta anos a vida mental da civilização ocidental foi invadida por duas forças que estão tendo uma profunda, embora gradual, influência em nossas atitudes em relação à vida. Uma dessas emergiu do próprio ocidente, enquanto a outra veio de terras longínquas. À primeira vista ninguém notou que essas duas influências tinham algo em comum, mas, com o desenrolar da experiência, está se tornando evidente não apenas que elas estão, em essência, estreitamente ligadas, mas também que seus efeitos vão muito além dos lugares onde são estudadas profissionalmente.

A primeira, uma criação do ocidente, é o ramo de psicologia científica associada aos nomes de Freud e Jung, que baseia suas experiências e práticas na Teoria do Inconsciente e cujo objetivo é simplesmente uma prática para restabelecer o doente mental. A segunda força é uma criação oriental e é a sabedoria das antigas Índia e China, que nos foi revelada em sua plenitude somente em anos comparativamente recentes, pelo trabalho de estudiosos de sânscrito, pali,[1] chinês e japonês. Primeiramente, pensou-se que a sabedoria que elas revelaram era somente de interesse acadêmico e, se tivesse triunfado a "misérable vanité des savants",[2] os tesouros do pensamento hindu, budista e taoísta teriam permanecido restritos ao uso dos eruditos, como o Direito Romano e hieróglifos egípcios. Contudo, foi logo reconhecido que esse tesouro da literatura espiritual não era somente belo como leitura ou para se especular; senão que também foi considerado de uso prático. As idéias e preceitos nele contidos eram tão verdadeiros para nosso próprio tempo e lugar como o foram para o antigo oriente; elas eram também, se não totalmente novas para nós, estimulantes de novas abordagens e novos meios de adaptação aos problemas muito ligados aos nossos sentimentos, e pareciam oferecer meios de ampliar a sabedoria do ocidente. Uma indagação nas relações entre a religião oriental e a psicologia do

1. *Pali*: dialeto encontrado nas escrituras budistas.
2. *Misérable vanité des savants*: miserável vaidade dos sábios.

inconsciente pode ser interessante àqueles que se especializam nesses assuntos, porém o objetivo deste livro é muito mais amplo. Desde que nenhuma foi originariamente desenvolvida para o benefício exclusivo de especialistas; o propósito delas foi e é o de auxiliar a humanidade como um todo, e por haver muitas semelhanças em seus métodos de pesquisa eles chegaram a conclusões similares — ou, talvez, fosse melhor dizer "hipóteses de trabalho". Essa forma de psicologia tem ensinado que o eu consciente do homem e suas várias faculdades de razão e emoção constituem a aparência externa de um universo mental oculto, no qual se encontra a verdadeira origem de seus pensamentos e realizações. Em outras palavras, dir-se-ia que o eu verdadeiro do homem está muito além desse ego consciente ou "eu", que é um instrumento ignorante do inconsciente ou da essência do homem.

Quando o ego desconhece essa condição, ele se atribui poderes e capacidades que o colocam em conflito com o inconsciente e desse conflito surge a maior parte de nossos problemas psicológicos. Mas, quando nós tomamos consciência das limitações do ego e entendemos suas relações com o inconsciente, então surge a possibilidade de uma verdadeira saúde mental. Isso é surpreendentemente similar a muitas doutrinas orientais, se pudermos substituir pelo termo "inconsciente" ou "essência do homem" termos orientais como Tao, Brahma e similares que significam (para nós) o eu desconhecido tanto do homem como da vida ou natureza.

Será, portanto, necessário explorar essas similaridades até certo ponto, mas é mesmo mais importante considerar o que a invasão de nossa civilização por essas duas forças pode significar para os homens e mulheres comuns, cujo interesse em tais assuntos é simplesmente prático. Porque o número de pessoas que têm tal interesse, em uma ou outra, ou em ambas, é muito maior do que geralmente concebido. Além do mais, muitos cultos religiosos dos dias atuais estão consideravelmente influenciados pelas idéias orientais, especialmente as diversas formas de teosofia, ocultismo e misticismo, patrocinados por tantas pessoas às quais as seitas comuns não satisfazem.

Por essa razão, devemos nos perguntar exatamente qual é a contribuição que essas duas forças têm a oferecer para a felicidade do ser humano médio que deseja se beneficiar com elas, sem se tornar psicólogo ou especialista oriental.

Muitas pessoas têm tentado responder a essa pergunta desde um ponto de vista exclusivamente psicológico ou baseados unicamen-

te na filosofia oriental. Mas poucas tentativas têm sido feitas para explorar as possibilidades do ponto de vista de ambas. Por que isso deveria ser feito? Porque há certos elementos na filosofia oriental que são totalmente inadequados à vida ocidental, e esses elementos não são facilmente notados, a menos que evidenciados por um método crítico que só essa psicologia do inconsciente pode proporcionar. Outrossim, a psicologia tem muito a ganhar do oriente antigo. No ocidente a psicologia é uma nova ciência; no oriente ela é muito antiga e de fato não é correto falar em "filosofia oriental", porque em nenhum sentido é ela uma filosofia como nós a entendemos. Essencialmente ela não é especulativa nem acadêmica; é experimental; e prática e está muito mais próxima da psicologia do que da filosofia. Mas a necessidade de uma aproximação entre as duas foi admitida pelo principal profissional contemporâneo desse ramo particular da psicologia — C. G. Jung, de Zurich.[3]

"Minha experiência prática (ele escreve) foi tal, que me revelou uma abordagem totalmente nova e inesperada da sabedoria oriental. Porém deve ficar claro que eu não tinha como ponto de partida um conhecimento mais ou menos adequado da filosofia chinesa. Ao contrário, quando iniciei minha profissão na prática da psiquiatria e psicoterapia, eu era completamente ignorante da filosofia chinesa e, somente mais tarde, é que minhas experiências profissionais me mostraram que em minha técnica eu tinha sido inconscientemente guiado por esse caminho secreto que por séculos tem sido a preocupação dos melhores intelectos do oriente".

Tendo Jung assumido tal posição, muitos contemporâneos acusaram-no de misticismo e abandono do método estritamente científico. Tais acusações, contudo, são baseadas numa compreensível ignorância do verdadeiro caráter da psicologia oriental e daqueles aspectos dela com os quais Jung esteve relacionado.

Esses aspectos têm pouca ou nenhuma conexão com a especulação metafísica e doutrina religiosa como tais, nem mesmo têm conexão com certas formas sensacionais de ocultismo tão atrativas àqueles a quem falta discernimento.

Portanto, nosso problema é este: o que a psicologia oriental e a ocidental, consideradas em conjunto, têm a dizer sobre o enganoso e urgente problema da felicidade humana? Desde que este assunto

---

3. *The Secret of the Golden Flower*, Wilhelm e Jung (Nova Iorque e Londres, 1931), p. 83.

pertence essencialmente ao ramo da psicologia, muito diferente daquilo que nós geralmente entendemos como religião ou mesmo filosofia. Geralmente, o objetivo da religião é a experiência sobrenatural, e o da filosofia está principalmente ligado à Verdade; suas preocupações com a felicidade, em seu mais profundo sentido, são indiretas. Essa é outra razão pela qual a sabedoria oriental e a psicologia do inconsciente têm que ser consideradas em conjunto. É o único meio proveitoso de considerar as possibilidades de cooperação entre a psicologia do oriente e do ocidente. Como vimos, a sabedoria oriental é psicologia em vez de filosofia ou teologia, e as escolas de Freud e Jung são as únicas formas práticas de psicologia no ocidente que estão relacionadas com ela. Em contraposição às velhas escolas de psicologia, seu objetivo não é simplesmente observar, planejar e comentar a respeito do comportamento mental do homem. Ao contrário, o método delas é empírico e seu objetivo é sanar os males e proporcionar felicidade do modo mais profundo e duradouro possível. Isso também se pode dizer da psicologia oriental, visto que a experiência ou estado de espírito aos quais visa, é uma harmonia consciente com a vida e com a natureza, dentro e fora de nós.

A descoberta desse tipo de felicidade é talvez o principal desejo do homem, embora nem sempre seja manifestado desta forma, porque, para muitos, a palavra "felicidade" tem associações inadequadas. Mas eu a uso aqui porque é a única palavra comum e de uso cotidiano de que dispomos para denotar um tipo de experiência enganosa e misteriosa, o tipo de experiência que foge de você no momento em que você começa a buscá-la. Tal forma de felicidade intensa que é a experiência espiritual, comporta-se do mesmo modo; é como tentar agarrar o sabão com as mãos molhadas. A psicologia oriental é muito experiente nessa traiçoeira arte — é preciso que se lembre o popular provérbio chinês: "Calma e pacientemente se pega o macaco"? — torna-se necessário então, ao considerar um problema que tanto nos preocupa, recorrer a ambas as psicologias, à oriental e à ocidental.

O caráter ilusório ou enganoso de todos os tipos de felicidade é bem conhecido por todos, pois não temos o ditado: "aqueles que buscam a felicidade nunca a encontram"? Isso ajusta-se muito bem àquele tipo de felicidade total que não depende de eventos externos, que pertence à própria natureza do indivíduo e que permanece não influenciada pelo sofrimento.

Ela persiste tanto através da alegria como da tristeza, sendo um estado espiritual que resulta da aceitação positiva e sincera da vida em todos os seus aspectos. Essa aceitação, conhecida por muitos nomes na psicologia das religiões, ocorre quando o indivíduo, o ego, abandona o conceito de liberdade pessoal e poder, compreendendo que depende absolutamente desse universo interior desconhecido, que é a natureza da alma humana. Só existe como um ego para satisfazer o propósito desse universo — um propósito que, em um certo sentido, não pode evitar de servir, mas que, em outro sentido, não aprecia quando subjugado pelo conceito de liberdade pessoal e auto-suficiência. Quando, entretanto, esse conceito é abandonado, surge uma liberdade mais poderosa e totalmente nova — a liberdade da união ou harmonia entre o homem e a vida.[4] *Mas liberdade, união, harmonia e vida são termos vagos e as coisas que eles significam parecem ser tão enganosas quanto a imprecisão dos termos. Para elas também se aplica o velho truísmo de que aqueles que a buscam não a encontram. Tais idéias são os lugares-comuns da filosofia e da psicologia popular, mas, nesse caso, o lugar-comum é apenas a entrada já familiar a um território do espírito grandemente desconhecido e labiríntico.*

Menos que um fio de cabelo divide o óbvio do sutil, e isto envolve o perigo de que, ignorando algo que jaz a nossos pés, não

---

4. Aqui e ao longo de todo o livro, a palavra "vida" não deve ser entendida simplesmente em seu sentido biológico, como a força vital que dá movimento aos corpos orgânicos. Nem deve também ser entendida como força que penetra as coisas e as movimenta, permanecendo essencialmente diferente delas. Eu uso a palavra corrente porque, para muitas pessoas, ela tem um significado mais concreto do que a palavra Deus. Deveria ser entendida com o mesmo sentido que tem a palavra chinesa *Tao*. William McDougall, certa vez, perguntou a um chinês o que ele entendia exatamente por Tao. O chinês levou-o para fora da sacada da casa e perguntou: "O que você está vendo?". "Eu estou vendo uma rua, casas, pessoas caminhando e carros passando." "O que mais?" "Há uma colina." "O que mais?" "Árvores." "O que mais?" "O vento está soprando."

O chinês estendeu seus braços e exclamou: "Isso é Tao". Em outras palavras, a vida é o universo inteiro como é agora. Nesse sentido, o universo não deveria ser considerado como a soma de todas as coisas, mas como um todo que é maior do que a soma de suas partes. Isso quer dizer que o universo, bem como a vida, é uma unidade orgânica da qual todas as coisas individuais derivam o seu significado e aos quais elas devem se referir, se quiserem ser entendidas. Pois as individualidades não podem ter nem existência nem significado se não forem relacionadas. Vide a seção sobre o Taoísmo no capítulo 6 e compare com minha obra *Legacy of Asia* (Chicago, 1938), p. 72-75.

o enxerguemos entorpecidos por exagerada concentração nos lugares distantes, do horizonte ou dos céus.

A própria afirmação de que: "aqueles que procuram a felicidade nunca a encontram" cria inúmeras dificuldades, pois será questionado: "se a felicidade não é encontrada através da busca, como encontrá-la?". Ao que podemos acrescentar: "Se a obtenção da felicidade implica na ausência de busca, ou na busca de uma outra coisa, não seria isto um meio indireto de procura da felicidade, como se fosse necessário obtê-la através de truque ou fraude? Certamente, o que importa não é o meio empregado, direto ou indireto, mas o motivo que leva a empregá-los". Há ainda uma outra questão preliminar que poderia ser questionada neste ponto; "não seria verdade dizer que aquele que não busca a felicidade, direta ou indiretamente, já a possui? Deveríamos, portanto, acrescentar ao ditado "que aqueles que a buscam não a encontram", o seguinte: "aqueles que a possuem não a procuram; aqueles que não a possuem procuram-na, e assim não podem encontrá-la".

Em outras palavras, a felicidade é algo que você possui ou não possui, e, se você não a possui, não há nada que possa fazer a respeito, exceto esperar pela graça de Deus, algo que está totalmente fora de nosso controle.

Por mais precisas que sejam as respostas a essas indagações, é consenso geral que a felicidade não pode ser obtida por meio de um esforço direto. Como sua sombra, quanto mais você a persegue, mais ela foge.

Assim sendo, não é surpreendente que, tanto nas religiões antigas como na psicologia moderna, o homem é aconselhado a diminuir seus esforços de autodeterminação, criando uma certa passividade na alma, e desse modo, estimulando um estado de receptividade ou aceitação, que o Cristianismo descreveria como alívio do tumulto de autodeterminação, a fim de dar lugar à vontade de Deus. É como se o homem fosse esvaziar sua alma, com o intuito de que as dádivas do espírito possam afluir, baseadas no princípio de que a natureza é adversa ao vácuo. Mas se isso é chamado de abandono do eu, submetendo-se à vontade de Deus, aceitando a vida, aliviando a tensão de lutar pela felicidade ou deixar-se levar pelo fluxo da vida, o princípio essencial é o do relaxamento.

Hoje em dia a palavra "relaxamento" é freqüentemente ouvida. Anunciantes, professores de dança, música, natação, cultura física, equitação, drama, eficiência profissional, doutores, psicólogos e pre-

gadores, todos a usam em suas diversas atividades, sendo sua popularidade aumentada devido à tensão nervosa da vida moderna. Pode ser usada para significar uma infinidade de coisas, desde a leitura de uma estória misteriosa ou o segredo da arte de uma bailarina, até o estilo de vida de um sábio, cujo espírito está em perfeita harmonia com o universo. Pois, como a palavra "felicidade", esta é uma palavra de muitos significados e é empregada sem maiores cuidados; e essa não é a única similaridade entre as duas. O "relaxamento" é algo tão enganador quanto a felicidade. É algo que nenhum esforço autodeterminativo pode obter; porque, como é, em certo sentido, uma ausência de esforço, qualquer esforço para alcançá-lo é contraproducente.

Essas duas palavras têm muitas outras equivalentes, algumas mais altissonantes e, tanto na escrita como oralmente, os homens as têm exaltado até aos céus e as têm arrastado até a lama. Não é necessário, portanto, desculpar-nos pela sua utilização, desde que elas são de uso comum e cotidiano, e apesar de que as inúmeras associações tornaram o seu significado confuso, a confusão se tornaria pior com a introdução de um novo e exótico jargão, sendo que já existem palavras que nos são familiares e aceitas pela maioria. Mesmo se elas apelarem vigorosamente a identificá-las com slogans banais de cartões de felicitações ou anúncio de alguma marca de cigarro ou licenciatura de medicina, tais associações podem ser contrabalançadas pelo conhecimento de que estas mesmas coisas, talvez sob diferentes nomes, têm sido a principal preocupação dos maiores espíritos da terra.

Outras palavras tiveram sorte semelhante, notadamente a palavra "amor", que os homens tomaram para significar tudo, da luxúria irracional ao próprio Deus. Tais palavras podem sair livremente de nossos lábios, como se as coisas que elas significam fossem tão comuns como chapéus e casas; em alguns sentidos elas são, mas em outros elas são coisas que, não obstante comuns em nossos sonhos, são pouco conhecidas e raramente encontradas na realidade.

Freqüentemente elas parecem estar bem próximas de nós, como se pudéssemos descobri-las, dobrando a próxima esquina, mas essa é uma peculiaridade especial delas. Nisso elas são como uma cenoura dependurada diante do nariz de um asno, de uma vara atada à sua coalheira; se ele quer caçá-la, ela corre à frente dele; se ele pára, ela fica onde está, tão perto, porém tão longe.

O fato de que a felicidade está associada ao relaxamento não significa que é impossível ser feliz no meio de um extenuante esforço, pois, para ser realmente um grande esforço, deve, por assim dizer, girar em torno de um centro imóvel e fixo. O problema para nós é como encontrar tal centro de equilíbrio e estabilidade na vida individual do homem — um centro cuja felicidade seja inabalada pela turbulência que o circunda, que proporciona felicidade por si mesmo, e não pelas circunstâncias externas, e isto considerando-se o fato de que pode experimentar esses acontecimentos em todos os seus aspectos e extremos, do mais alto êxtase à mais profunda agonia.

Se, tanto a psicologia oriental como a ocidental sugerem que a mais profunda felicidade deve ser encontrada em uma união consciente ou numa harmonia entre o indivíduo e o seu Eu Desconhecido, o seu inconsciente, o seu universo interno, é claro que o problema apresenta uma série de dificuldades peculiares. Essas dificuldades decorrem de duas razões básicas: primeiro, que o homem civilizado do século XX está tão centrado em sua própria autoconsciência limitada, que ele praticamente perdeu a consciência da sua origem e das forças diretrizes nela implícitas; segundo, que o problema real não é provocar um estado de coisas que até agora não existia, mas compreender algo que já está ocorrendo — "como foi no princípio, é agora e será sempre". Pois, embora o homem civilizado pareça viver apenas de seu centro autoconsciente, embora pareça divorciado da natureza, de um ponto de vista espiritual isto é somente um conceito. Em outras palavras, neste exato momento nós temos essa união e harmonia apesar de nós mesmos; nós criamos problemas espirituais simplesmente pela nossa ignorância dessa União, e essa falta de compreensão causa e conseqüentemente é causada pelo engano da auto-suficiência. Como o cristianismo diria, a graça de Deus está sempre sendo oferecida livremente; o problema é conseguir que o homem a aceite e abandone o conceito de que ele pode salvar-se pela força de seu ego, que é como querer se levantar pelo próprio cinturão. Isso parece ser um círculo vicioso, especialmente para as pessoas que não podem acreditar no Deus cristão, tendo sido privadas de suas crenças pela ciência e pela razão que são essencialmente forças da autoconsciência.

Tanto a psicologia ocidental como a oriental, estabelecem o problema de um modo um tanto diferente. Elas dizem que se o ego puder investigar-se ele descobrirá que sua própria e verdadeira natureza é mais profunda do que ele mesmo, que ele deriva suas faculdades e sua consciência de uma fonte além da personalidade indi-

vidual. Em outras palavras, o ego não é realmente um eu; é simplesmente uma função desse universo interior. Da mesma forma, a fala é uma função do ser humano; se alguém tivesse somente o sentido da audição, é possível que pensasse que a voz é o homem. Mas, a fim de cumprir sua função, o ego deve ser autoconsciente — uma faculdade ao mesmo tempo valiosa e perigosa, porque, se o ego for iludido por essa faculdade, ele cai no círculo vicioso de tentar encontrar a felicidade pela sua própria força.

Os círculos viciosos criam dificuldades cada vez maiores, quando tentamos desembaraçá-los valendo-nos de seus próprios termos. Portanto, atualmente as pessoas estão cegas para o problema espiritual, procurando sua resposta na própria complexidade, e mesmo a psicologia do inconsciente não tem se libertado completamente da servidão dessas complexidades. Mas a ruptura do círculo é simples, se pudéssemos adaptar nossas mentes à simplicidade real, totalmente distinta da banalidade; por isso, o ego deve abandonar seu orgulho e ser suficientemente humilde como para considerar as coisas modestamente, algo que a psicologia da Ásia tem ensinado ao homem durante milhares de anos.

Encarada de forma tão confusa e aparentemente misteriosa, a questão de felicidade está longe da simplicidade. É extremamente complexa porque, de fato, é incrivelmente simples; sua solução está tão próxima de nós e é tão óbvia, que nós temos a maior dificuldade em vê-la; devemos complicá-la a fim de focalizá-la e sermos capazes de discuti-la. Isso pode parecer um terrível paradoxo, mas diz-se que um parodoxo é apenas uma verdade de ponta-cabeça para chamar atenção. Pois há certas verdades que têm que estar de ponta-cabeça para que elas possam ser notadas; geralmente, elas são tão simples, que deixamos de percebê-las. Nossas próprias faces são um exemplo disso. Nada poderia ser mais óbvio e auto-evidente do que a própria face do homem, mas muito estranhamente ele não pode vê-la de forma alguma, a menos que ele introduza o artifício de um espelho que lhe apresenta a imagem invertida. A imagem que ele vê é a sua face, todavia, não é sua face; e isso é em parte um paradoxo. E eis aqui a razão de toda a nossa incerteza e ambigüidade a respeito das coisas do espírito, porque, se nossos olhos não podem se ver, tanto menos aquilo que se vê através dos olhos poderá ver a si mesmo.

Então, nós temos que encontrar algum modo de superar a dificuldade, algum meio de compreender a coisa mais óbvia do mundo, uma coisa que é geralmente negligenciada, porque nossos pensamentos e sentimentos estão sendo conduzidos por canais muito mais complicados. Para vê-la eles têm que se rebaixar a um nível de humildade, não temeroso e prostrado, senão com a mais direta e infantil abertura de espírito — "pois Ele depôs o poderoso de seu trono e exaltou o humilde e o manso". Não é de se surpreender portanto, que essas mais profundas verdades do espírito freqüentemente passem despercebidas por pessoas da mais brilhante e penetrante inteligência.

Isso não quer dizer, contudo, que serão mais facilmente entendidas, pela mera falta de intelecto. Tal introspecção não vem nem com o esplendor, nem com o embotamento da mente visto que se um é iludido pelo seu próprio brilho, o outro simplesmente omite o seu registro. Para compreender simplicidade tão extraordinária, deve-se apenas abrir os olhos do espírito e ver; não há segredo nisso, porque ela está presente diante de nós, à luz do dia, tão grande como a vida. Nas palavras do sábio chinês Tao-wu, "se você a quer ver, olhe-a diretamente, mas se você tentar nela pensar, se desvanecerá".

Portanto, quando se diz que aqueles que buscam a felicidade nunca a encontram, talvez seja mais adequado dizer que não há necessidade de procurá-la. Como nossos próprios olhos, ela está nos acompanhando o tempo todo; só quando nós nos voltamos para tentar vê-la, nós nos iludimos. Diz um poema chinês: [5]

> *É tão claro, que demora para se ver.*
> *Você deve saber que o fogo que busca*
> *É o lume de sua própria candeia.*
> *E que seu arroz está cozido desde o princípio.*

1 — *A Guerra na Alma*

Quase todo mundo conhece a estória da galinha que botava ovos de ouro. Um homem e sua mulher tinham uma misteriosa galinha que, de tempos em tempos, os beneficiava botando um ovo de ouro.

---

5. *Mu-mon-èwan*, vii. Devo esta tradução ao rev. Sokei-an Sasaki (V. nota 19, capítulo 6.)

Isso já estava acontecendo há algumas semanas, quando eles começaram a pensar que era um tanto enfadonho receber o ouro parceladamente, sendo que eles acreditavam que ela carregava um verdadeiro estoque de tais ovos dentro de suas entranhas e, não tendo o bom senso de pesar a ave primeiro para verificar se ela era muito mais pesada do que uma galinha comum, eles decidiram matá-la e abrí-la. Como era de se esperar, eles acabaram ficando apenas com uma galinha comum, morta, sem ovos de ouro nas entranhas e impossibilitada de mais botar.

Houve também cientistas que ficaram igualmente desapontados quando pesquisaram a anatomia humana para descobrir um órgão que pudesse ser descrito como a alma do homem; há ainda eruditos que analisam Beethoven até a derradeira semicolcheia e Shakespeare até o último pronome, para descobrir o segredo de seus gênios; há também teólogos que agem da mesma forma, com respeito às palavras da Bíblia, para descobrir a natureza de Deus. E é ainda a esperança da mais avançada ciência que o universo revelará seus mistérios, seu derradeiro poderoso segredo, àqueles que dissecam até seus ínfimos fragmentos, aprendendo cada vez mais sobre cada vez menos.

Isso é conhecido como "as árvores não permitem que se enxergue a floresta". Não é, de modo nenhum, uma falha exclusiva dos cientistas e eruditos, desde que a alegoria dos ovos de ouro é uma lenda já antiga sobre a natureza humana.

Nós temos um ditado sobre a virtude de ser capaz de ver "a vida integralmente", uma vez que todo o significado está na totalidade. Não poderia haver ovos de ouro sem a galinha e, por mais enfadonha, lenta e estúpida que pudesse ser, ela era semelhante à vida quanto à interação dos opostos: ela era lenta, mas seus ovos eram de ouro e se você a corta em pedaços, para colher o ouro e suprimir a lentidão, você vai acabar ficando só com o cadáver.

Isso também ocorrerá se você trinchar o corpo humano, para encontrar a misteriosa fonte de sua vitalidade, ou se você separar uma flor de suas raízes barrentas. Algo muito similar acontece, embora tenha uma importância muito maior quando os homens amam a vida e odeiam a morte ou se agarram à juventude e rejeitam a velhice, o que é como esperar que uma montanha tenha apenas uma encosta — a que sobe —, enquanto que, para ser montanha, deve ter aclive e declive. O significado de tudo está no todo, e não só o significado, mas a própria existência da coisa.

De fado nós estamos cientes da vida e ela pode manifestar-se somente porque está dividida em inúmeros pares de opostos: conhecemos a dinâmica por contraste com a estática, o comprido pelo curto, a claridade pelas trevas, o calor pelo frio e a alegria pela tristeza.

Por essa razão, ver a vida globalmente é compreender essas qualidades antagônicas como essenciais à sua existência, sem tentar interferir, sem dissecar o corpo do universo, para que suas partes agradáveis possam ser preservadas e as desagradáveis abandonadas. Isto é o que o filósofo hindu entende quando, ao olhar as coisas mais terríveis, pode dizer: "Sarvam kalvidam Brahman" — "Isso também é Brahma", aquele Ser divino de cujo espírito [1] cada coisa é uma expressão mutável.

E, para ele, esse Brahma não é simplesmente o universo inteiro, algo mais do que "ver a totalidade da vida é ver toda a vida"; nesse sentido, Brahma é antes de tudo a totalidade, a vida sagrada, que somente pode ser destruída no mundo de fantasia de nossa imaginação.

Portanto, aqueles que tentam destruí-la carregam, por assim dizer, cadáveres no pensamento, os quais corrompem e envenenam a alma. Na vida a que eles se agarram pelo horror à morte, no prazer pelo medo da dor, na riqueza pelo medo da pobreza e na juventude pelo medo da velhice, eles seguram apenas os membros mutilados do mundo. Porém, apesar de eles não o saberem, a mutilação e o conseqüente sofrimento existem somente neles mesmos. Eles acham que podem desmembrar o todo, no entanto isto é apenas uma pobre ilusão. Seu único resultado é que em todas as coisas a que eles se apegam na vida, prazer, riqueza e juventude, há a mácula da infelicidade, porque, tendo-as separado, para possuí-las para sempre, elas não estão mais vivas. Assim, não é surpreendente que alguns poucos sábios, tendo chegado ao desespero por esse caminho, afirmassem que o prazer e a riqueza são pecados nos quais nenhuma felicidade pode ser encontrada. Mas o fogo não é o mal porque queima seus dedos quando tenta apoderar-se dele; ele é somente perigoso.

---

1. Brahma, como Eu, não se confunde absolutamente com o conceito corrente de uma Alma Universal, pois Brahma não é a alma do universo *oposta* ao seu corpo ou à sua forma e substância física. Brahma é antes a totalidade do universo, da qual derivam todas as suas partes e também cada uma destas. Vide a secção sobre Vedanta no captulo 6.º.

O Problema dos Opostos

Nós denominamos assuntos como vida e morte "opostos", mas isso não é de forma alguma uma denominação satisfatória visto que envolve um estado de oposição e, conseqüentemente, de conflito. Vida e morte estão em conflito apenas na mente de quem cria uma guerra entre elas, baseado nos seus próprios desejos e temores. De fato, vida e morte não são opostos, mas se completam, sendo dois fatores essenciais de uma vida maior, que é composta de vidas e de mortes da mesma forma que a melodia é produzida pelos sons e pelos silêncios de notas individuais. A vida alimenta-se da morte e sua própria atividade só é possível e manifestada por causa do contínuo processo de nascimento e morte das células, a absorção dos alimentos e a eliminação dos detritos que, por sua vez, proporcionam a fertilidade do solo, do qual uma nova vida pode nascer. Pois a vitalidade é um ciclo cujo encerramento exige tanto um movimento ascendente como descendente, assim como a luz não pode se manifestar sem o movimento completo da onda de luz, desde o princípio até o fim. Se essas ondas pudessem ser divididas em ondas de um meio e um quarto, a luz desapareceria. Assim, também no reino biológico nós temos dois sexos opostos, ainda que complementares, macho e fêmea. Os seres são divididos desta forma, a fim de se reproduzirem, o significado do homem e da mulher é o filho, sem o qual não teria sentido ter dois sexos. Assim, eles são as duas pernas sobre as quais a vida se apoia, quando uma é eliminada, o todo desmorona.

Os assim chamados opostos fazem com que o homem se defronte com um problema complexo, pois seu coração ansia pela eternidade e pela vitória sobre a morte, um desejo que está mal orientado, porque na vida, como ele a conhece, ele mesmo é um desses opostos e assim está aparentemente predisposto contra uma coisa sobre a qual ele nunca poderá triunfar. Porque o princípio de nossa vida, como nós a conhecemos, é a oposição entre nós mesmos e o universo, entre aquilo que é "eu" e aquilo que não é "eu".

Eis aqui, novamente, duas coisas que são complementares, ao invés de opostas, porque é óbvio que o "eu" não pode existir sem o universo e que o universo não pode existir sem a multidão de "eus" e entidades das quais ele é composto.

Mas, do ponto de vista do homem que sofre e luta, esse fato, por mais óbvio que seja, é totalmente abstrato. Além do mais, a existência do universo parece depender somente da multidão impessoal de "eus", dos quais há um inesgotável suprimento, o universo não depende de qualquer "eu" em particular. De fato, a natureza parece surpreendentemente insensível e devastadora em seu tratamento para com os "eus" individuais e, por essa razão, não é surpreendente que o homem se rebele, quando sua individualidade é tratada com a mesma negligência e insensibilidade com que são tratados os insetos.

Até parece que há aqui um conflito real que não existe exclusivamente na mente, porque se com uma mão a natureza prodigou a mais surpreendente habilidade na criação dos indivíduos e inclusive na preservação deles com a outra, os trata como se fossem nada mais que o pó de onde surgiram. Mas, se uma ou outra mão da natureza estivesse atada, ou o mundo se sufocaria com a super-abundância de vida, ou seria totalmente despovoado. Todavia, do ponto de vista individual, o processo é devastador e insensível. O homem poderia auxiliar a natureza numa economia melhor, controlando a reprodução de sua própria espécie e adaptando-se a ela, ao invés de tentar lutar contra ela.

Mas isso exige um esforço social coordenado que poderá levar milhares de anos para ser executado e, portanto, não atinge aos indivíduos que vivem na desordem do século XX.

Contudo, as medidas científicas para a eliminação do sofrimento estão aqui fora de assunto, pois é duvidoso que o aumento do conforto seja bem acolhido, se implicar na alteração do equilíbrio dos opostos. Assim, como uma luz muito intensa cega nossa visão, o excesso de prazer entorpece os sentidos. Para que haja manifestação, é preciso o contraste. Mas o problema do conflito humano com o universo permanece. Nós poderíamos apresentar inúmeras soluções racionais e diretas, justificando a existência desses incômodos opostos e dos tortuosos, mas necessários, no processo da lei natural.

É a coisa mais fácil do mundo filosofar, dizendo ao homem que ele deveria sentir-se satisfeito por sofrer, pois que, de outra maneira, ele seria incapaz de sentir alegria. Mas, quando as circunstâncias o exigem, tal afirmação é julgada distante e abstrata, não convencendo os sentimentos, ainda que a razão esteja satisfeita.

Nesse ponto, estamos tocando na verdadeira raiz da infelicidade do homem e por esses caminhos a linguagem um tanto suave da filosofia pura não penetra. Tudo o que possa ser dito sobre a necessidade de se basear a atitude das pessoas frente à vida num ponto de vista universal, tão distinto do ponto de vista pessoal, é infrutífero porque o homem comum não se sente universal. Seu centro é ele mesmo e sua consciência espreita pelas janelas das paredes de seu corpo material. Ele não sente sua consciência como que existindo em coisas fora de si mesmo, como que vendo através dos olhos dos outros, ou movendo-se com os membros alheios. E o mundo do lado de fora daquela muralha é tão ameaçador que faz todo o possível para fortificar-se contra o exterior, cercando-se com uma barricada de posses e ilusões, para ocultar-se do mundo e ocultar o mundo de si. Dentro dessa casamata ele se esforça para manter e preservar aquilo que ele denomina sua vida.

Mas ele poderia também tentar aprisionar o raio de sol em um quarto, descendo as cortinas, ou deter o vento, fechando a porta. Para gozar o vento, você deve deixá-lo soprar na sua frente e senti-lo contra a sua carne nua. O mesmo se poderá dizer do tempo, pois o momento sempre passou antes que possa ser apontado e também é a verdade da vida, que nem mesmo essa muralha da carne pode manter para sempre. Para senti-la e entendê-la, você deve deixá-la soprar através de você, como o vento, quando se desloca entre os espaços vazios.

Isso, entretanto, é intolerável. Significa arrancar a barricada, abandonando toda a segurança, abrindo as janelas de ambos os lados da sala, para que a corrente de ar varra tudo, derrube os vasos, espalhe os papéis e desarrume os móveis. Isso é preço muito alto a pagar por termos varrido de nossa alma o pó e as teias de aranha. Além disso, poderemos pegar um resfriado, sentir calafrios e espirrar até enlouquecer.

> De teu abrigo cada esteio
> Apodrecerá, e teu ninho de águia
> Livre para o riso te deixará
> Até que as folhas caiam e cheguem os ventos frios.

Assim, mantemos as janelas fechadas e as vidraças descidas até morrermos sufocados, oprimidos pelo ar estagnado.

O Medo do Medo

Esta é uma enfermidade tão velha como a vida, nascida daquilo que Keyserling[2] chama de medo original, cuja aparência externa os

2. Vide seu *South American Meditations*, capítulo 2.º.

psicólogos denominam como o princípio do prazer-dor. Pois, como a lesma e a tartaruga se recolhem para dentro de suas carapaças, o homem escuda-se nos seus castelos de ilusões. Mas é curioso que enquanto a lesma e a tartaruga freqüentemente saem de suas carapaças, o homem quase nunca abandona seu castelo porque ele parece ter um senso muito mais aguçado de sua identidade pessoal e de sua distinção do resto do universo. Quanto maior o senso de distinção, tanto maior a tensão entre os dois e mais os pares de opostos se debatem na alma. A esta tensão nós denominamos infelicidade, mas não se recomenda que ela seja superada pela abolição do "Medo Original", que é, em si mesmo, um valioso instinto. Se nós desejamos a dor, tanto quanto o prazer, nós podemos logo vir a ser extintos, porque é só o medo original da dor que nos impele à autopreservação. Aqui novamente temos um par de opostos, amor e medo ou inclinação e antipatia, ambos componentes essenciais da faculdade do sentimento desde que quem não teme, também não ama, nem sente. Mas observe o termo medo *original.*

A dificuldade do homem é que seu medo é raramente original. Ele está uma ou mais vezes afastado da originalidade, não sendo só simples medo, mas, medo de ter medo.

Há dois tipos de tensão: a criativa e a destrutiva. A primeira é como quando uma corda está esticada para produzir música, e a segunda é como quando ela está esticada para arrebentar. Entre os opostos deve haver também tensão, se eles são destinados a produzir vida. Pela sua própria natureza, devem mover-se em direções opostas, porém devem ser mantidos juntos por uma afinidade e por um propósito. A terra gira em torno do sol, baseada no princípio da força centrífuga, mas a força da gravidade a atrai em direção a ele; por isso, ela se move em torno do sol em círculo e não se congela nem se inflama. Desse modo, o movimento dos opostos que tende a afastar um do outro é o medo original, enquanto que o laço que nos une é o amor original.

O resultado é a tensão criativa. O homem, porém, não tem examente medo. Ele receia a tensão causada pelo seu medo original, de modo que seu receio é aumentado. A tensão também é aumentada, crescendo assutadoramente, até que ela se torna destrutiva ao invés de criativa. O laço é esticado até o ponto de ruptura, quando os opostos disparam em um total isolamento. Então, quando a tensão do medo original é aceita, o homem pode mover-se livremente na sua órbita. Mas se ele tentar fugir desse medo simplesmente acrescenta um medo a outro e uma tensão a outra, o que é um processo que pode prosseguir indefinidamente. Como uma mosca que cai na teia de aranha, quanto mais ela luta, tanto mais fica envolvida.

Desse modo, a tensão dos opostos é transformada pelo homem em conflito destrutivo. Agarrando-se a um e evitando o outro, ele simplesmente incita a afirmar-se ainda mais o que ele evita. Odiar a morte e as transformações é tentar tornar a vida eterna e imutável, e isso é uma rígida, e moribunda morte viva. Por essa razão, o ditado: "Os covardes morrem mil vezes, mas os valentes uma só vez". Porque apegando-se ao prazer e por temor da dor o homem dá início à tensão, mas a verdadeira dificuldade começa quando ele tenta livrar-se não só da dor, como também da tensão, presenteando-se com dois inimigos ao invés de um só. Que a dor gera o medo, é tão natural quanto o fogo que gera o calor. Mas deixemo-lo ficar ali, porque, se nós fugirmos de nosso medo, ele se torna pânico e isso é a entrada para o abismo insondável da autodecepção e miséria.

O homem não gosta de admitir para si mesmo que ele tem medo, porque isso enfraquece sua auto-estima e abala sua fé na segurança de seu ego.

Aceitar o medo seria como aceitar a morte, assim ele foge dela e isso constitui a grande infelicidade.

Às vezes, ele é expressado por um terror transparente e desenfreado, mas, mais freqüentemente, é uma ansiedade semioculta e corrosiva, movendo-se em círculos viciosos rumo a uma sempre crescente intensidade. Teria sido melhor dizer no começo: "Eu tenho medo, mas não sinto vergonha".

Portanto, ao lutar contra os opostos, o homem se engana perpetuamente. Os prêmios que ele arrebata da vida e conserva somente para seu uso pessoal perdem o brilho, porque ele os separara de suas raízes e nada que está isolado consegue sobreviver, uma vez que as duas características mais importantes da vida são o movimento e a transformação. Por outro lado, as dificuldades que ele tenta evitar são as únicas coisas que o tornam ciente das suas bênçãos e se ele ama as últimas deve temer as primeiras.

Mas ele tem medo do medo. Essas duas coisas o fazem respectivamente frustrado e preocupado, impelindo-o cada vez mais para uma atitude de isolamento, de separação e hostilidade frente ao resto da vida, permanecendo confuso e infeliz entre o mal das circunstâncias e o mar profundo de suas próprias emoções, que não podem ser controladas ou preditas. E nesse isolamento seu espírito deteriora-se.

Homem e Natureza

O homem está fixado à natureza tanto quanto uma árvore. E ainda que ande livremente sobre duas pernas e não esteja enraizado ao solo, ele não é, de modo algum, um ente auto-suficiente, que se move por si mesmo e que se guia por si só. Porque sua vida depende inteiramente dos mesmos fatores de que dependem as árvores, os vermes e as moscas, nos poderes universais da natureza, da vida, de Deus ou como se quiser chamar. De alguma fonte misteriosa a vida flui através dele incessantemente, não começa somente no nascimento e termina na morte. O homem é o canal para uma corrente em contínuo movimento, uma corrente que carrega o sangue nas veias, que aciona seus pulmões, fornecendo-lhe ar para respirar, que faz brotar os alimentos da terra e que leva a luz do sol ao seu rosto.

Se nós examinarmos uma simples célula de seu corpo, encontraremos o universo, porque sol, lua e estrelas estão continuamente preservando-o. Nós a encontramos novamente, se sondarmos as profundezas de sua mente, pois existem nela todos os velhos ímpetos da vida primeira, tanto humana como animal, e, se pudéssemos ver mais fundo, poderíamos encontrar parentescos com as plantas e com as rochas. Porque o homem é um lugar de encontro para a interação das forças de todos os quadrantes do universo, e que passam por ele através dele em um fluxo que é a força de seus pensamentos e ações. Essa força é o verdadeiro eu do homem, mais do que seu corpo ou sua mente, que são apenas seus instrumentos. Isso era conhecido por todos os povos antigos do mundo, cujos sábios ensinaram que todas as ações do homem são expressões da atividade incessante da natureza, como o sol e o vento — um fato que seria óbvio a quem não tivesse nascido e crescido onde há pouco mais para ver do que o trabalho manual do homem.

O isolamento da alma humana da natureza é, generalizando, um fenômeno da civilização. Esse isolamento é mais aparente do que real, porque quanto mais a natureza é forçada a recuar frente aos tijolos, concreto e máquinas, tanto mais ela se reafirma na alma humana, geralmente como um visitante indesejado, violento e incômodo. Mas realmente as criações do homem, sua arte, sua literatura, seus edifícios diferem apenas em qualidade, não em gênero, de tais criações da natureza, como ninhos de pássaros e favos de mel. As criações do homem são infinitamente mais numerosas e engenhosas, mas a própria engenhosidade, aliada ao seu medo, agrava seu sentimento de isolamento, persuadindo-o de que ele é um criador em seu próprio direito, separado da natureza.

Porque mais uma vez iria contra sua auto-estima se admitisse que a capacidade majestosa de sua razão e todo o trabalho dela não o tornam o senhor da natureza senão o seu servente. Fascinado pelo poder da razão e instigado pelo pavor de seu medo, o homem procura sua liberdade no isolamento e não na união com a natureza — "cuja serventia é a perfeita liberdade".

A luta do homem pelo poder e pela grandeza é trágica, mas inútil. E a dificuldade não está tanto naquilo que ele faz como naquilo que ele pensa. Se fôssemos procurar união ao invés de isolamento, isso não significaria o que é geralmente chamado "volta à natureza". Ele não teria que abandonar suas máquinas e cidades, retirar-se para as florestas e viver em cabanas. Ele teria apenas que mudar sua atitude, porque as penas que ele paga pelo seu isolamento manifestam-se apenas indiretamente no plano físico. É na sua mente que elas se originam e são mais rigorosas.

O que são essas penalidades? Nós lhes damos o nome abrangente de infelicidade, e, apesar disso não ser algo peculiar à civilização, esta representa um caso extremo, especialmente no mundo atual. Naturalmente, não é possível para nós sabermos se somos menos felizes do que os selvagens, nem se nós sofremos menos. Todos os homens sofrem agora tanto quanto nos tempos antigos, mas nem todos são infelizes, porque a infelicidade é uma reação ao sofrimento e não o próprio sofrimento.

Portanto, de um modo geral, o primitivo foi infeliz, a partir de seu conflito com as forças externas da natureza. Mas a infelicidade do homem civilizado é essencialmente o resultado do conflito com forças naturais no interior de si mesmo e no interior da sociedade humana, forças que são muito mais perigosas e violentas, porque entram, camufladas e sem serem chamadas, pela porta dos fundos.

A Importância do Conflito

O significado da civilização não está explicado em lugar nenhum melhor do que na parábola do Filho Pródigo".[3]

---

3. Lucas 15:11-32.

"Um homem tinha dois filhos. O mais moço disse a seu pai: Meu pai, dá-me a parte dos bens que me pertence. O pai então repartiu entre eles os haveres.

Poucos dias depois, ajuntando tudo o que lhe pertencia, partiu o filho mais moço para um país muito distante, e lá dissipou a sua fortuna vivendo dissolutamente. Depois de ter esbanjado tudo, sobreveio àquela região uma grande fome; e ele começou a passar penúria. Foi pôr-se a serviço de um dos habitantes daquela região, que o mandou para sua fazenda guardar os porcos. Desejava ele fartar-se das vagens que os porcos comiam, mas ninguém lhas dava.

Entrou então em si e refletiu: Quantos empregados há na casa de meu pai, que têm pão em abundância... e eu, aqui, estou a morrer de fome!

Levantar-me-ei e irei a meu pai, e dir-lhe-ei: 'Meu pai, pequei contra o céu e contra ti; já não sou mais digno de ser chamado teu filho; trata-me como um dos teus empregados'. Levantou-se, pois, e foi ter com o pai.

Estava ainda longe, quando seu pai o viu e, movido de compaixão, correu-lhe ao encontro, lançou-lhe ao pescoço e o beijou. O filho lhe disse então: 'Meu pai, pequei contra o céu e contra ti; já não sou digno de ser chamado teu filho'. Mas o pai falou aos servos: 'Trazei-me depressa a melhor veste e vesti-lha, e ponde-lhe um anel no dedo e calçado nos pés. Trazei também um novilho gordo e matai-o; comamos e façamos uma festa. Este meu filho estava morto, e reviveu; tinha-se perdido e foi achado'.

E começaram a festa.

O filho mais velho estava no campo. Ao voltar e aproximar-se da casa, ouviu a música e as danças. Chamou um servo e perguntou-lhe o que havia.

Ele lhe explicou: 'Voltou teu irmão. E teu pai mandou matar o novilho gordo, porque o reencontrou são e salvo'. Encolerizou-se ele e não queria entrar; mas o pai saiu e insistiu com ele. Este, então, respondeu ao pai: 'Há tantos anos que te sirvo, sem jamais transgredir ordem alguma tua, e nunca me deste um cabrito, para festejar com os meus amigos. E agora, que voltou este teu filho, que gastou os seus bens com as meretrizes, logo lhe mandaste matar o novilho gordo!'

Explicou-lhe o pai: 'Filho, tu estás sempre comigo, e tudo o que é meu é teu; convinha, porém, fazermos festa pois que este teu irmão estava morto e reviveu, tinha-se perdido e foi achado'."

O homem civilizado é o pródigo e o primitivo é o filho mais velho, que sempre permaneceu em casa — involuntariamente em harmonia com a natureza, vivendo mais por instinto do que intelectualmente e sem a autoconsciência aguda do homem civilizado.

O primitivo difere de nós até certo ponto, do mesmo modo que as crianças diferem do adulto. A criança não tem problemas psicológicos próprios e, mesmo se tiver, eles estão apenas latentes e não se manifestam senão mais tarde na vida.

Suas necessidades interiores são dirigidas parte pela natureza e parte pelos seus pais; só quando o senso de autoconsciência estiver totalmente desenvolvido é que ela sentirá esse senso de responsabilidade que surge quando nós nos tornamos cientes de nosso poder de dirigir e controlar nossos próprios atos. Mas, quando o homem atinge esse estado de autoconsciência, ele se torna um pródigo. Sente-se isolado e solitário, e mais particularmente em seus momentos de abatimento é que ele sente que o universo está contra ele. Superficialmente, toda a sua cultura é uma violação da natureza; ele se torna totalmente dependente de suas máquinas e sucumbe, quando deixa de se proteger contra os elementos. Mas logo vem a crise. Em nossos próprios dias, a guerra e a desorganização econômica são a crise; não há atualmente escassez de bens. Os homens morrem de fome apenas por causa da estipudez humana. De tempos em tempos aparece alguém que "voltando a si mesmo", compreende que, de um modo ou de outro, nós devemos voltar à natureza e vivenciar conscientemente a harmonia, que o primitivo vivencia de uma forma instintiva e inconsciente.

Mas, nem sempre se compreende que o aparente afastamento da natureza por parte da civilização é um estágio absolutamente essencial no desenvolvimento humano. Sem ele nós permaneceríamos como o filho mais velho da parábola, ciumento e incompreensivo. Porque só aqueles que pecam podem compreender e apreciar a bem-aventurança da redenção. Talvez, então, esse afastamento da natureza não seja inatural apesar de tudo, pois parece que nossa missão não é voltar à natureza, mas ir para a frente.

Os hindus representam a evolução do homem como um círculo. Partindo do topo ele desce, instintiva e inconscientemente, ao fundo, em cujo ponto eles dizem que este chega ao último grau da materialidade e autoconsciência, a idade Kali Yuga. A partir daí, ele deve subir à segunda metade do círculo e assim voltar com consciência plena ao ponto de onde começou.

Mas, para realmente se unir à natureza novamente ele deve primeiro experimentar essa divisão absoluta entre ele mesmo e o universo (ou vida).

Neste ponto, contudo, duas coisas devem ser lembradas: primeiro, que a separação do homem civilizado da natureza é apenas aparente e pareceria que essa própria aparência é parte de um esquema natural da evolução, algo que nós realizamos por instinto como a lagarta se torna crisálida; segundo, que, embora a jornada de retorno seja feita em estado de consciência, ela não é feita pela consciência ou pelo esforço do ego autoconsciente. Essa parte da jornada é novamente como a natural transformação da crisálida em borboleta, e qualquer tentativa de forçar essa transformação egoisticamente é como tentar abrir a crisálida com pinças. Resulta numa regressão ao estado de severa oposição entre nós mesmos e a vida.

Aqui, outra vez, encontramos o conhecido provérbio: "aqueles que buscam a felicidade não a encontram, porque eles estão tentando fabricá-la pelos mesmos processos que a destroem". Portanto, o primeiro passo na viagem de retorno, é compreender que nós nunca fomos realmente dissociados da natureza, que nosso conflito atual com a vida é necessário, faz parte do objetivo da natureza e essa autoconsciência não é uma negação, mas um cumprimento da lei natural.

Em outras palavras, temos que aceitar esse conflito, porque o ego não pode mais desarraigar-se dele, como um dente não pode extrair a si mesmo da mandíbula. O segundo passo surge naturalmente a partir do primeiro: aceitando o conflito entre si mesmo e a vida como sendo parte natural da própria vida, o ego começa a sentir-se em harmonia com o lado "escuro" da natureza. Porque o conflito se torna infelicidade apenas pelo nosso desejo de escapar dele, que acrescenta uma tensão a outra. Mas, quando ele é aceito, nós fazemos uma descoberta paradoxal; pela aceitação do ego e do conflito que ele envolve, nós também aceitamos e nos unimos àquilo que fica atrás do ego e assume a forma de autoconsciência, com a natureza (ver diagrama).

O Fundo Histórico

É importante considerar esse problema em relação à história e descobrir como se desenvolveu o recente divórcio com a natureza. O que se diz aqui aplica-se principalmente aos ocidentais enraizados na tradição européia e cristã, isto é, às raças brancas. O oriental tem um problema diferente pelo menos em seu estágio preliminar. Naturalmente é impossível dizer agora mesmo quando o conflito começou, mas um ponto de partida óbvio e conveniente pode ser encontrado na filosofia católica da Idade Média, embora suas sementes possam ser notadas muito mais cedo, na antiguidade romana.

O Cristianismo difere de muitas outras religiões por concordar com a existência de uma alma imortal só para o homem, pois nenhuma outra criatura viva tem qualquer significação especial no plano divino. Essa visão nunca foi compartilhada pelos hindus ou pelos chineses, e uma escritura budista diz que, com o tempo, até as árvores e a relva deverão tornar-se Budas.

Mas no antigo pensamento e prática cristãos havia, com algumas exceções, completa falta de interesse além da salvação do homem. Não é surpreendente, portanto, que o Cristianismo gerasse uma concepção de Deus, cada vez mais humana e antropomórfica. Sua concepção foi feita para corresponder cada vez mais à razão do homem, enquanto que considerado-o simplesmente animal, o de natureza irracional, foi cada vez mais identificado com o diabo, de modo que o Cristinanismo viu nas belezas da natureza pouco mais do que uma armadilha para as almas descuidadas, um mundo essencialmente pecaminoso, destinado a finalmente perecer para dar lugar a um paraíso sobrenatural.

Mas os pensadores da Renascença não pareceram compartilhar dessa idéia, pois aparentemente eles estiveram preocupados muito

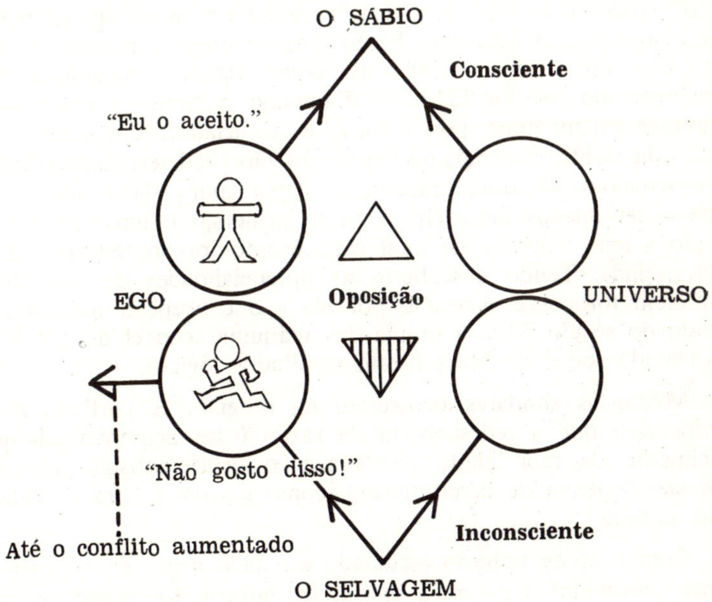

mais com o humano e o natural do que com o espiritual e sobrenatural. Eles foram precursores das ciências naturais. Entre eles tivemos figuras como Leonardo da Vinci e sir Francis Bacon, homens que, como o último se vangloriou, "classificaram todo o conhecimento nos respectivos domínios". Mas sua preocupação era ainda com o homem e com o aspecto racional do homem, tão distinto do divino, por um lado, e do brutal, por outro. Certamente, eles interessaram-se pelos animais, árvores, flores, rochas, estrelas e montanhas, mas só para descobrir nisso analogias com o ser humano. Eles não sabiam nada do sentimento dos chineses e japoneses frente à natureza como natureza. Na crença deles, "o estudo certo da humanidade era o estudo do homem" e nisso, por exemplo, nós encontramos a diferença fundamental entre Dante e Shakespeare, o primeiro preocupado com o homem no mundo sobrenatural, e o segundo com o homem em seu próprio mundo, pois "que exemplo de trabalho é o homem, como é nobre na razão, como são infinitas suas faculdades, em forma e movimento, como é definido e admirável na ação, como se parece com um anjo em apreensão, como se assemelha a um Deus!".

A fé do humanismo na capacidade da razão do homem para solucionar todos os problemas e conquistar a natureza tornou possível o espantoso avanço da ciência racional em nossa época, porque a Matemática e as máquinas baseiam-se na própria imagem do intelecto humano, compartilhando sua lógica rígida e inevitável. Mas, transformando essa faculdade em divindade, o homem tende a transformar-se em máquina, pois a razão é essencialmente o aspecto mecânico da mente. Suas leis de lógica são tão predeterminadas quanto os movimentos de uma máquina a vapor, pois, dada uma causa, pode-se ter apenas um efeito e nesse princípio o universo fica reduzido a uma máquina na qual cada evento foi predestinado desde a eternidade. Tendo descoberto as potencialidades de sua razão, o homem tornou-se obcecado por ela e a concepção mecânica do mundo do século XIX, a utopia das máquinas concebida por Wells e o tratado social de Marx foram resultados lógicos.

Mudanças similares ocorreram na religião. É particularmente significativo que a redescoberta da razão fosse acompanhada pelo nascimento da moralidade puritana e o protestantismo calvinista com sua doutrina de determinismo, como reações contra a "superstição papista".

Com o confessionário arruinado e o lado negro da vida rigidamente suprimido, a natureza imoral do homem foi negada e rejeitada pela religião, tão violentamente quanto sua natureza irracional foi demolida pela ciência.

Isso não quer dizer, contudo, que o protestantismo foi essencialmente um sistema racional. Não o foi e, conseqüentemente, entrou de modo crescente em conflito com a ciência, à medida que os anos passaram. Mas o conflito diz respeito antes a assuntos de teoria do que de prática, pois, ainda que o protestantismo não fosse doutrinariamente racional no mais estrito sentido da palavra, foi racional em sua psicologia. Suas crenças basearam-se grandemente na interpretação literal da Bíblia, mas sua moralidade fundou-se principalmente no espírito da lei judaica, como estabelece o Velho Testamento, e é curioso que, mesmo doutrinariamente, tanto o Luteranismo como o Metodismo são tudo, menos legalistas; seus padrões de moralidade seguem a rígida tradição puritana.

Uma incongruência similar pode ser notada no Calvinismo, pois a crença na predestinação, na doutrina de que cada homem está irrevogavelmente condenado ou salvo desde o princípio do mundo poderia facilmente encorajar a lassidão moral, vendo que nada que o homem tem possibilidades de realizar pode afetar seu resultado final. Mas o resultado foi exatamente o oposto e em lugar nenhum houve mais moralistas inflexíveis do que no Calvinismo.

Tal moralidade é racional desde que é uma tentativa de forçar a humanidade a conformar-se em pensamento e ação com uma lei rígida e idealista. Isso pode estar dando um significado um tanto amplo ao termo "racional", mas em essência há pouca diferença entre a tentativa de forçar o homem a ser moral e a tentativa de fazê-lo razoável. Podia haver diferenças entre o ideal moral e o ideal racional, mas, como eles foram concebidos nas tradições puritanas e humanistas, foram ideais contrários à natureza porque eles ignoraram esse aspecto do ser humano que corresponde à "o vermelho natural dos dentes e garras".

De fato, antes do século XX, os ideais racionalistas e puritanos tinham numerosos pontos em comum, especialmente entre os povos anglo-saxões. Porque os ideais de progresso da sociedade racional e livre, de igualdade e fraternidade, do comunismo puro, não se originaram no século XVIII, com os filósofos racionalistas da França. Como forças importantes, eles primeiro vieram à luz na Inglaterra puritana do século XVII.[4]

---

4. Cf. Gooch e Laski — *English Democratic Ideas in the Seventeenth Century* (Nova Iorque, 1927).

Porém tais ideais, especialmente os genuinamente racionalistas, traziam dentro de si as sementes do seu próprio declínio.

É interessante notar que, no tocante à ciência, apesar de sua exaltação da razão humana, criou-se, como também na religião, uma incompatibilidade entre a doutrina e sua psicologia e prática.

A ciência afastou o homem da natureza e tornou-o seu senhor ao dar-lhe as máquinas e superestimando as potencialidades de sua razão; embora na teoria mostrasse a vinculação básica do homem com a natureza e sua subserviência a ela. O homem evoluiu dos animais e não foi uma criação especial da deidade. Além disso, ele pode pensar que é livre, mas a lei universal da causalidade tornou óbvio que cada pensamento e ato é predeterminado e que ele é um instrumento tão desamparado nas mãos da natureza, quanto uma nuvem flutuante. Mas o determinismo é uma doutrina que os auto-afirmativos nunca levaram a sério (como provam os calvinistas); convence sua mente, mas não o seu coração, na prática, ele tem que temperá-lo com o que Vaihinger chama de filosofia do "como se", pois comporta-se como se fosse livre. Mas na glorificação da razão humana houve um apelo a seu orgulho e a razão teve que mostrar-se nas máquinas a vapor, fábricas, remédios, energia elétrica, aviões e rádio. Mas o deus da razão teve alguns sérios reveses, dos quais um dos mais importantes saiu da própria ciência, como um resultado das perguntas incômodas e perscrutadoras de um certo Sigmund Freud, sobre assuntos ligados ao outro aspecto da descoberta científica — a inseparabilidade do homem e a natureza.

Freud, Pecado Original e Inconsciente

Os racionalistas do século XIX eram essencialmente otimistas e não foi surpresa que eles não gostassem mais de Freud do que da doutrina da Igreja sobre o pecado original. A fé deles no ideal de progresso e o triunfo da razão estava totalmente em desarmonia com a alegação de Freud de que a mais alta aspiração do homem tinha sua origem em forças inconscientes de um caráter muito diferente, forças às quais ele deu nomes tão desagradáveis como "desejo de incesto", "complexo de castração", "fixação materna ou paterna" e outros de cunho sexual agressivo. Nem mesmo o racionalismo aceitou facilmente uma idéia tão irracional como a de que o objetivo inconsciente do homem pudesse reentrar no útero e regredir até uma condição de irresponsabilidade protegida, flutuando feliz numa escuridão cálida e sonolenta. Mas o ensinamento de Freud foi o pecado original com uma nova roupagem, pois ele mostrou o incorrigível Adão dentro de uma transparente cápsula de razão e se as mais altas aspirações do homem eram apenas racionalizações dessas inconscientes forças escuras não provaria isso uma das doutrinas fundamentais da Igreja? Não mostrou que os esforços do homem para salvar-se pelo exercício de seu desejo e razão desamparados são infrutíferos?

Pois tanto o Humanismo como o Racionalismo negligenciaram um misterioso fator chamado a Graça de Deus, acreditando que a mente humana era suficientemente poderosa como para realizar sua própria salvação. E, por mente, eles simplesmente compreendiam esse aspecto da alma conhecido como intelecto.

Agora nós sabemos que o intelecto é a máquina pensante; uma força dirige essa máquina, mas qualquer que seja o caráter dessa força a máquina pode apenas interpretá-lo por um meio mecânico. Portanto, quando ela tem que aceitar um impulso irracional, racionaliza-o transformando-o em efeito. Quando o incorrigível Adão deseja sangue apenas para satisfazer seu desejo de sangue, a máquina do raciocínio tem que encontrar um motivo plausível para verter sangue, e que seja razoável. E ela o encontra porque de muitos modos o intelecto tem o poder mais intrincadamente sutil de adaptação e uma capacidade quase infinita para se auto-enganar. Pois é de grande importância para a auto-estima do ego que as racionalizações devam ser convincentes. De outro modo, o homem teria que admitir seu fracasso no domínio da natureza.

Todavia, a doutrina freudiana suscitou pouca simpatia até depois da Grande Guerra, quando alcançou sucesso repentino, principalmente pela agilidade de seu método de restabelecimento psicológico para tratar de casos de autismo. Mas a irrupção do próprio incorrigível Adão na guerra tornou as idéias de Freud muito mais aceitáveis, ainda que seja surpreendente como muitas pessoas inteligentes até hoje recusam admitir que elas são dotadas de coisas como o inconsciente. Elas consideram como completa impertinência o fato de alguém sugerir que não sabem sempre por que querem o que elas querem, ou que não sabem porque fazem o que fazem. No entanto, logo admitem que não sabem por que seus corpos produzem coisas tão misteriosas como o câncer, e que elas são totalmente inconscientes do que está ocorrendo em seus rins, coração e intestinos. Assim, se há atividades e setores inconscientes no corpo, parece razoável sugerir, até por simples analogia, que há um aspecto inconsciente da mente.[5]

A Contribuição de Jung

A analogia poderia sugerir até mesmo mais do que isso. O corpo físico tem ligações íntimas com todo o universo material, das quais a maior parte é também inconsciente. Não seria possível então supor que a mente inconsciente estende suas raízes muito além do indivíduo, começando sua existência muito antes da concepção no útero? Com muito mais do que analogia para defender essa idéia, C. G. Jung, o pupilo de Freud, propôs a teoria do inconsciente, que se aproxima das fronteiras do misticismo.[6] Pois, para ele, o inconsciente é pessoal apenas na sua superfície; basicamente ele é coletivo, racial e talvez universal, pois Jung descobriu que em seus sonhos as mulheres e os homens modernos produzem espontaneamente mitos e símbolos de há milhares de anos, dos quais eles não tinham conhecimento consciente. Assim, a vida sexual infantil do indivíduo era um fator comparativamente insignificante no inconsciente e considerou-se que a análise de Freud era somente o primeiro passo importante nesse reino não descoberto.

A importância da idéia do inconsciente é dupla, pois ela revela um universo natural tanto no interior do homem como no exterior.

Também levanta importantes dúvidas a respeito do caráter do eu verdadeiro do homem. Eu já sugeri que esse eu está muito mais profundo do que a razão consciente e o intelecto, mais profundo mesmo

5. Psicanalistas nunca alegaram que o inconsciente é alguma coisa mais do que uma hipótese de trabalho. Eles não insistiram sobre a sua existência como uma entidade especial nos aspectos físicos ou mentais do homem. Mas, como uma hipótese, tem dado provas de tamanho valor no restabelecimento psicológico, que parece significar pouco se, de fato, existe ou não um inconsciente. É provável que o inconsciente seja descrito mais corretamente como um processo de que como uma entidade, isto é, o processo de não estar ciente de certas operações, tendências e impulsos que pertencem à nossa natureza, a que são revelados através de formas indiretas ou racionalizadas, ou não reveladas simplesmente.

6. Jung não admite ser considerado místico, pois ele quer enfatizar com esforço e perfeitamente o método estritamente científico de sua investigação — na medida em que, como restabelecimento psicológico ou qualquer outro tipo, possa ser uma ciência. Para essa visão do inconsciente, vide *Two Essays on Analytical Psychology* (Nova Iorque, 1928), p. 94 e segs. (Vide também *The Integration of Personality* (Nova Iorque, 1939), cap. I.

do que a individualidade do homem que parece cada vez mais ser um instrumento animado por forças naturais e universais. Agora que nós encontramos as raízes da alma, descendo muito abaixo do nível pessoal, nós podemos compreender porque Jung descreve o ego (que nós ordinariamente o consideramos como nosso eu central) como um complexo do inconsciente. Ou seja, é um truque empregado pela mente inconsciente, para alcançar certos resultados; da mesma forma, o aparentemente autônomo corpo humano é um artifício empregado pela natureza; para alcançar certos resultados. Mas não se deve pensar que o emprego de um artifício ou truque é proposital da mesma maneira que as ações pensadas pelos seres humanos o são, pois o propósito humano pode ser apenas uma racionalização do impulso natural, desde que a razão pode apenas operar em termos de propósito.

Para nós, essas idéias são muito novas. Eu disse que elas esbarraram no misticismo, porque de fato elas teriam sido bem compreendidas por muitos dos povos antigos do mundo. Assim, para os hindus o eu do homem era identificado com a persona individual apenas por causa de sua visão limitada; eles sabiam que, se essa visão pudesse ser alargada, ele descobriria que seu verdadeiro eu era Brahma. Em outras palavras, o ego do homem é um truque ou artifício (maya) [7], para atender às funções de vida, pois, se a vida foi feita para se manifestar, ela deve manifestar-se em forma de coisas separadas. A vida em si é única e não tem forma; ninguém nunca viu a vida sem uma forma. Assim, de acordo com o ensinamento védico dos hindus, Brahma é único e não tem forma em si mesmo e, por isso, Brahma como tal não pode fazer nada, não pode expressar-se. A ação e a expressão só podem ser alcançadas quando Brahma se manifesta nesses artifícios ou formas e, portanto, eles dizem que as ações são realizadas pelas formas e não por Brahma. Ensinamentos paralelos podem ser encontrados em outras civilizações antigas, notadamente na egípcia e chinesa. Assim, na inscrição shabaka do antigo Egito encontramos: [8]

> "Ftá viveu como governador em todos os corpos e como a língua na boca de todos os deuses, de todos os animais domésticos, de todos os répteis e de todas as outras coisas... assim,

---

7. *Maya* é freqüentemente traduzido incorretamente como "ilusão" — uma interpretação puramente negativa que não dá seu significado completo. Maya é a força criativa de Brahma.

8. *From Fetish to God in Ancient Egypt,* E. A. Wallis Budge (Londres, 1934), p. 15.

todo tipo de trabalho e artesanato e tudo feito com os braços cada movimento das pernas e cada ação de todos os membros realizam-se através de sua ordem, que... valoriza tudo".

E o sábio chinês Chung Tzu, escrevendo sobre isso no ano 200 D.C., diz: [9]

"Seu corpo é a imagem emissária de Tao. Sua vida não é a sua própria. É a harmonia emissária de Tao. Sua individualidade não é a sua própria. É a adaptabilidade emissária de Tao... você se move, mas não sabe como. Você está em repouso, mas não sabe por quê. Eis as operações da lei de Tao".

Tais ilustrações poderiam ser multiplicadas indefinidamente, e há muita razão para acreditar que isso não foi somente filosofia especulativa.

Esses sábios antigos escreveram não o que eles pensaram, mas o que eles sentiram, e a qualidade intuitiva e poética da sabedoria deles é enfatizada pelo fato de que eles simplesmente declararam o que sentiram e, raramente, ou nunca, discutiram o assunto.

Mas o homem moderno exige que sua razão seja convencida e espera que sua filosofia seja discutida como um teorema em geometria. Entre os intelectuais, isso é uma herança de alguns quinhentos anos de idade, pelo menos, e nem Freud nem as guerras e crises os fará duvidar da supremacia da razão em apenas trinta anos.

Mas essa herança os deixou em uma posição incômoda, havendo matado sua fé nas doutrinas psicologicamente satisfatórias da Igreja, pois não há dúvida de que aqueles que podem realmente acreditar em um Deus bondoso, no poder da remissão de Seu Cristo e na eficácia da confissão, penitência e absolvição são pessoas essencialmente felizes.

Elas se sentem repousando nos braços eternos do Pai, cujas exigências para elas não são tão severas, porque, tendo Ele próprio tomado a forma humana, conhece suas fraquezas, e porque, tendo compreendido tudo, pode perdoar tudo.

Por essas e outras razões, a Igreja Católica é mestra na arte de aliviar o homem de suas responsabilidades e, onde seus sacerdotes não fomentam a política mesquinha ou o indulgente terrorismo, seu povo está entre os mais felizes da terra. Eles podem confiar na

---

9. Eu sigo a tradução de H. A. Giles, em seu *Chuang Tzu* (Changai, 1926), p. 282.

vida sabendo que, por mais que ela possa magoá-los, seu Mestre nunca as abandonará.

As Novas Religiões

Mas o que será daqueles cuja razão não lhes permite acreditar nessas coisas? O que eles devem fazer, quando as dores da vida se tornam excessivas? A maioria, suponho, tenta esquecê-las e a civilização oferece incontáveis meios de fuga: cinema, esportes, revistas, romances de mistério, viagens a alta velocidade e os remédios de há mais tempo conhecidos como o vinho, as mulheres e as canções, tudo aquilo que, enquanto instrutivo, divertido e relativamente inofensivo, não resolve realmente o problema.

Pois, enumerando todas as inevitáveis e fatigantes ameaças de insegurança econômica e guerra, a tensa, nervosa e danosa luta pelos negócios, as barreiras sociais e econômicas para a vida sexual normal, aliada à pior má interpretação da arte do casamento, a frustração de tentar abrir espaço em comunidades enormes e incontroláveis, que não lhe dão a menor assistência — podemos elaborar uma longa lista. E, para saber que as fugas não solucionam os problemas, temos apenas que observar os rostos das pessoas, especialmente quando elas pensam que não estão sendo observadas.

Então, há aqueles que, sendo fundamentalmente religiosos porém céticos do Cristianismo ortodoxo, recorrem às várias novas religiões, que abundam na sociedade moderna, como Ciência Cristã, Teosofia, Espiritualismo, Buchmanismo, Rosacruzianismo, para não mencionarmos aqueles cultos anônimos que giram em torno de personalidades como Krishnamurti, Ouspensky, Meher Baba, Alice Bailey, os Ballads, Gurdjieff, Crowley e milhares de outros pequenos mestres, cujos seguidores são comparativamente poucos, mas freqüentemente influentes.[10] Na mesma categoria devem ser incluídos aqueles que encontraram um substituto para a religião em alguma das muitas escolas da nova psicologia, algumas das quais são quase semi-religiosas em certo sentido. Mas essa categoria é especialmente interessante, porque, ainda que o homem comum possa ter pouco ou nenhum conhecimento de tais coisas, elas estão se tornando cada vez mais populares entre os intelectuais e, de forma discreta sua influência está se estendendo vagarosamente pelo resto da sociedade.

---

10. Um estudo interessante de algumas dessas figuras será encontrado em Rom Landau, *God Is My adventure* (Nova Iorque, 1936).

Tem sido observado com freqüência que os membros dessa categoria e também das igrejas são predominantemente mulheres próximas da metade da vida ou que já a ultrapassaram — uma classe que parece constituir um problema especial no mundo moderno. Muitas foram privadas de seus maridos na Grande Guerra, outras perderam-nos prematuramente de outra forma, pois particularmente os homens da América têm tendência para morrer jovens, devido a preocupações com negócios e tensão nervosa. Outras são aquelas que não se casaram ou que tiveram casamentos mal sucedidos. Assim, conclui-se com freqüência que o interesse delas nesses assuntos é simplesmente o resultado da frustração sexual. Mas, enquanto isso pode ser a causa principal em alguns casos, deveria ser lembrado que as pessoas adquirem naturalmente um interesse pela religião na última metade da vida, tendo completado seus deveres mundanos, e que as mulheres são mais inclinadas aos sentimentos religiosos do que os homens. Percebendo isso como um fenômeno natural, os hindus dividiram a vida em dois estágios principais. No primeiro, os deveres do homem consistem de Artha e Kama, o cumprimento dos deveres de cidadania e satisfação dos sentidos — ganhando uma posição no mundo e instituindo uma família, por um lado, e, por outro, a vida do amor, do sexo e da estética.

Quando essa fase estiver terminada, vem o estágio de Dharma, ou devoção à religião,

Fora os aderentes dessas novas religiões ou grupos psico-religiosos, há inumeráveis que estão procurando e que não encontram nenhum credo completamente satisfatório, perambulam de grupo em grupo procurando sem saber ao certo que querem, a não ser aquele conhecimento mágico que resolverá todos os problemas e libertará as almas do medo. Às vezes, eles pensam que quase o encontraram nesse ou naquele "ismo", mas que lugar estranho para procurar o segredo da vida!

De fato, não seria mais provável que esse segredo fosse encontrado na própria vida e não nas doutrinas e idéias sobre a vida?

> "Muitos buscam a Verdade nos credos, nas formas, nas regras;
> Muitos procuram as dúvidas, os dogmas, nas escolas,
> Mas por detrás do véu uma voz proclama:
> — Seu caminho não jaz nem aqui nem lá, ó tolos!"

Porque o interessante é que, tanto aquilo de que estamos tentando fugir, como aquilo que estamos tentando encontrar, estão dentro de nós mesmos.

Isso, como vimos, aplica-se mais ao homem moderno do que ao primitivo, pois nossa dificuldade é o que fazer com nós mesmos antes que com o mundo exterior.

Assim, com o risco de repetir um truísmo, é óbvio que a menos que encaremos face a face a dificuldade em nós mesmos, tudo o que busquemos como salvação, nada mais é do que uma cortina extra com a qual escondemos essa dificuldade de nossos olhos. Tanto que a salvação seja procurada através do simples esquecimento ou pela tentativa definida de encontrar a salvação, através da religião, filosofia ou cura psicológica, o mesmo princípio está sendo empregado. A cura psicológica, em particular, foi especialmente instrumentada com o intuito de capacitar o homem a encarar-se, a aceitar a natureza dentro de si mesmo, com todos os seus desejos e temores primevos. É bastante curioso, no entanto, que muitos dos mais fervorosos devotos de psicologia são exemplos evidentes de seu fracasso. Ela não oferece doutrinas confortadoras sobre este mundo ou o mundo do futuro, como muitas formas de religião e filosofia, nem detém promessas de poder e sucesso. Ela cruelmente cava nos lugares secretos do coração, arrancando os mistérios melhor guardados, no entanto, temos encontrado praticantes altamente qualificados dessa ciência que parecem ter alcançado tudo, exceto a reconciliação consigo mesmos ou com a vida. Parece que até mesmo a aceitação da vida pode ser usada como um meio para se fugir dela.

O Instrumento da Liberdade

Mas isso não é surpreendente. Quem procura o esquecimento, a salvação e a saúde mental, também quer a felicidade e, portanto, nessa categoria não se pode esperar encontrar pessoas felizes.

Aqueles que são felizes estão interessados na religião principalmente como um meio de expressar sua gratidão à vida e a Deus e de habilitar outros a verem como eles. Eles não estão procurando salvação pessoal, porque não pensam em tais assuntos. Mas como podem habilitar outros a verem como eles, se aqueles que têm felicidade não a buscam, e aqueles que não têm não podem encontrá-la pela busca?

Nós já examinamos alguma coisa do significado da felicidade, da guerra entre os opostos na alma humana, do medo, do medo, do conseqüente isolamento do homem da natureza e do modo pelo qual esse isolamento tem sido intensificado com o avanço da civilização.

Nós também mostramos como o homem está íntima e inseparavelmente ligado ao universo mental e material e que, se ele tentar uma separação, perecerá. Porém ele pode separar-se apenas na sua imaginação, de outro modo ele deixaria de existir, mas nós temos, no entanto, que decidir se essa coisa enganosa chamada felicidade resulta da aceitação da união do homem com o resto da vida. Mas, se isso for verdade, nós temos que descobrir ainda como tal aceitação pode ser consumada, se é possível para o homem reverter sua fuga para o isolamento e vencer o pânico que o faz tentar nadar contra a correnteza, ao invés de nadar a favor dela. No domínio da psicologia, o nadar contra a correnteza é chamado repressão, a reação da vaidosa razão frente aos temores e desejos naturais do homem. Isso levanta a questão de se a aceitação da natureza envolveria um retorno à amoralidade do animal, sendo simplesmente uma questão de se desfazer completamente de toda a responsabilidade, seguindo o próprio capricho e flutuar na maré da vida, como uma folha caída. Para voltarmos à nossa analogia: a vida é a corrente para dentro da qual o homem é atirado, e ainda que ele lute contra ela, esta o carrega não obstante seus esforços, com o resultado de que seus esforços não alcançam nada, a não ser a própria infelicidade. Deveria ele então voltar-se e ser levado pelas circunstâncias?

A natureza conferiu-lhe a faculdade da razão e da individualidade consciente, e se é para ser levado pelas circunstâncias, ele bem poderia ter ficado sem elas.

Evidentemente, ele as possui para dar expressão a possibilidades da natureza infinitamente maiores do que o animal pode expressar como por instinto, porque, enquanto o animal é o apito da natureza, o homem é o seu órgão.

Mesmo assim, o homem não gosta de ser rebaixado para o lugar de um instrumento, independente do tamanho que o instrumento possa ter, pois um instrumento é um instrumento e um órgão realiza tudo aquilo que lhe foi destinado realizar tão cega e subservientemente quanto um apito. Mas isso não é o único motivo. Pode ser que o homem tenha uma idéia errônea do que seu eu é. Nas palavras do sábio hindu Patanjali, "A ignorância é a identificação do vidente com os instrumentos de ver".[11] Certamente o homem como instrumento é uma ferramenta obediente, goste ele disso ou não, mas pode ser que haja alguma coisa no homem que seja mais

---

11. Patanjali, *Yogasutra,* 2, vii.

do que o instrumento, mais do que sua razão e indivi
são partes daquele instrumento e que ele crê erroneame
seu verdadeiro eu. E, enquanto que como instrumen
tado, como "isto" ele está livre e seu problema é torn
disso. Encontrando-o, ele compreenderá que, evitando a
medo e a tristeza ele estará se tornando um escrav[...]rque entenderá a verdade misteriosa que de fato ele é livre tanto para viver como para morrer, tanto para amar como para temer, tanto para alegrar-se como para se entristecer, e que em nenhuma dessas coisas há qualquer humilhação. Mas, o homem rejeita a liberdade de executá-las, imaginando que a morte, o medo e a tristeza são as causas de sua infelicidade. A causa verdadeira é que ele não se permite ser livre para aceitá-las, pois não compreende que ele, que é livre para amar, não é realmente livre, a menos que seja também livre para temer. Isso é a liberdade da felicidade.

2 — *A Resposta da Religião*

As mais antigas respostas do mundo sobre o problema da felicidade são encontradas na religião, porque o tipo de felicidade que nós estamos considerando pertence aos mais profundos domínios do espírito humano.

Mas isso não deveria nos levar a supor que é algo distante da experiência comum, algo a ser procurado nas esferas sobrenaturais, muito distantes do mundo que nós conhecemos através de nossos cinco sentidos. O mundo do espírito é freqüentemente entendido de um modo quase materialista, como uma localidade infinita no espaço, contendo coisas que são eternas em termos de tempo.[1] Acredita-se que seja um mundo que corresponda em forma e substância ao nosso próprio mundo, exceto que suas formas e substâncias são construídas de espírito ao invés de matéria, e seu funcionamento dirigido por leis diferentes, pois nada muda, todas as coisas são perpétuas. Compreender o mundo do espírito dessa maneira é torná-lo completamente diferente do mundo em que vivemos e, quando a religião está preocupada com esse tipo de espiritualismo, surge um grande abismo entre o mundo do espírito e o mundo das experiências cotidianas, só sendo possível o contato com o primeiro pela

1. Uma notável análise dessa confusão encontra-se no primeiro capítulo — Nicolas Berdyaev, *Freedom and the Spirit* (Londres, 1935), especialmente na p. 15. "Espírito", ele escreve, "não é, de modo algum, oposto à carne; a carne é, antes, a encarnação e símbolo do espírito."

...carnação, como depois da morte, ou em um estado de consciência no qual adquirimos um novo conjunto de sentidos, sentidos espirituais com que podemos perceber coisas com as quais a visão material não está sintonizada.

Essa visão da espiritualidade é tão comum na religião, que muitas pessoas acreditam que a salvação mora muito além de nossa vida presente, sendo algo de que a existência terrestre é apenas uma preparação e que será herdada quando tivermos passado além do túmulo, ou quando, mesmo que ainda vivos, nossos pensamentos tiverem alcançado uma esfera mais alta, de modo que estejamos neste mundo, mas não pertençamos a ele.

É provável, no entanto, que tenha surgido essa idéia porque muitos ensinamentos religiosos são apresentados em forma de alegoria; verdades espirituais são apresentadas em termos de tempo e espaço a fim de simplificá-las. O céu e o inferno estão afastados no tempo até a vida depois da morte e no espaço até um outro mundo diferente do atual. A eternidade é representada como um tempo interminável, que não é a eternidade, senão o durável. Esse tipo de simplificação pode ter seu valor, mas de muitas maneiras ela é uma complicação desnecessária, porque a concepção teria maior valor, se identificássemos o céu e o inferno como o aqui e agora e a eternidade como a negação do tempo, o eterno agora.

A Religião como uma Negação da Vida

De uma forma ou de outra, essa é uma das principais tendências do pensamento religioso, como geralmente é entendido, além do que há ainda outra crença de que a felicidade espiritual é atingível na terra, mas de um modo um tanto utópico e materialista. Ambas as tentativas existem no Cristianismo, alguns sustentando que "nesta terra, não temos morada permanente, portanto nós procuramos alcançar uma no futuro", e outras que trabalham pelo restabelecimento do "reino do céu na terra". O cristão, ao sustentar a primeira opinião, sente que nunca pode se sentir em casa neste mundo que ele considera como um tipo de ante-sala da vida futura, um lugar de julgamento e tentação, onde Deus prova a aptidão de Seus filhos para entrar no Seu reino.

Ao mesmo tempo ele agradecerá a seu Senhor por todas as bênçãos desta terra, pelos prazeres que lhe dão alegria, assim como pelos sofrimentos que lhe permitem alcançar a sabedoria. No entanto, ele não está satisfeito com aqueles prazeres e pelo fato de serem passageiros, ele os considera como simples alusões à glória do paraíso, que durará para sempre.

Mas, especialmente na moderna cristandade, há um outro elemento que existiu nos tempos antigos, ainda que com diferentes formas. Uma das estipulações da Doutrina dos Apóstolos é a crença na ressurreição do corpo,[2] a crença de que o mundo futuro não é só um estado espiritual, mas também uma condição de vida, onde o mundo físico foi recriado pela força espiritual.

Diz-se que Deus criará um novo céu e uma nova terra e que "o reino deste mundo deverá tornar-se o Reino de Nosso Senhor e de Seu Cristo".

O cristão moderno está apto a considerar este ensinamento de um modo um tanto diferente, pois enquanto seus ancestrais o viram como algo que acontece apenas no derradeiro dia, quando todos os mortos sairiam das sepulturas, a visão moderna considera que o reino do céu na terra é algo que o homem pode criar pela graça de Deus aqui e agora.

Daí o crescente interesse das igrejas pelas políticas idealistas. A moralidade tornou-se algo a ser praticado não só para garantir a salvação no mundo futuro, mas para melhorar a sorte da humanidade no mundo atual. Pois a cristandade identificou-se com a idéia de progresso e as igrejas são as primeiras a advogar pela paz, pelo serviço social, e pela justiça política e econômica.

Mas, tanto entre os cristãos como entre os seguidores de outras religiões há aqueles que sentem que tais ideais são ingênuos, ou porque eles parecem de alcance impossível, ou então porque eles não parecem muito desejáveis. A felicidade espiritual como eles a entendem tem pouco a fazer com o bem material ou com a glória eterna em um paraíso de música celestial e ruas de ouro puro. Mas eles compartilham da mesma opinião a respeito do mundo tal qual é, acreditando que a mais alta iluminação espiritual é inalcançável com a carne ou sob as limitações dos sentidos que nos compelem a ver a vida como uma alternância transitória de prazer e dor.

Por muitos séculos houve tendências desse tipo nas religiões orientais, das quais a mais notável é o Budismo Hinayama — o tipo de Budismo com o qual o Ocidente está mais familiarizado.

2. Uma interpretação diferente e restauradora dessa doutrina será encontrada em Berdyaev, ibid., p. 40-41.

O Hinayana tem uma visão do mundo tão escura quanto a de qualquer outra religião, e procura fugir dela pelo meio mais rápido possível para um estado que não é exatamente aniquilação completa, mas um tipo de consciência vaga e infinita da qual toda a personalidade, todo o senso de identidade individual e toda a diversidade de formas foi afastada. Nesse estado não há dor porque não há prazer, e não há morte porque já não há alguém para morrer. O ponto principal ou essência de seu ensinamento é que, quando você percebe que seu eu pessoal não existe, então você está livre do sofrimento, porque o sofrimento pode surgir apenas onde há uma pessoa para sofrer. O mesmo se pode dizer do prazer, com o resultado de que o ideal Hinayana é um estado de insipidez que se considera ser a mais alta bem-aventurança alcançável.

Um ideal similar pode ser encontrado em um exame superficial dos ensinamentos do Vedanta hindu como está expresso no Upanishads. Porque parece como se a suprema aspiração da ioga hindu fosse ficar mergulhada no infinito Brahma, a única realidade da qual todas as formas diversificadas são expressões ilusórias. Da mesma forma que o Hinayana budista, ele acha o mundo insatisfatório por causa da instabilidade de suas glórias. Portanto, ele luta contra todas as coisas dentro de si que o levam a procurar felicidade nos prazeres do mundo, aprendendo a ver as formas mutáveis da vida como uma trama de enganos ocultando a face de Deus. Para ele, todas as coisas são Deus: montanhas, árvores, rios, homens e animais. Só parecem ser o que são por causa das limitações de seus próprios sentidos.

Uma vez vencidas essas limitações, o mundo da diversidade de formas desaparece e lá permanece apenas a imensa e vazia grandiosidade de Brahma, na qual mora o repouso eterno e a bem-aventurança.

Tais idéias são freqüentes no pensamento oriental, ainda que elas não representem seu mais profundo significado. Para a maior parte de nós, elas são abstratas e incompreensíveis. Todavia, um incontável número de religiosos afirma que o fim e o objetivo de nossa vida aqui na terra é uma condição eterna cujas características podem ser descritas em uma das seguintes maneiras:

Primeiro, um estado após a morte em que as belezas da vida são grandemente exaltadas e todos os sofrimentos e limitações são vencidos. Segundo, um estado nesta vida em que os sofrimentos terrenos e as limitações foram vencidos pelo exercício da razão e habilidade humanas, inspiradas pelas graças de Deus. Terceiro, um estado atingível no corpo ou fora dele, onde a consciência humana é elevada acima dos limites impostos a ela pelo eu pessoal e pelos seus cinco sentidos, em que toda a diversidade de forma e todos os pares de opostos desaparecem dentro da essência divina infinita e sem formas da qual eles originariamente vieram.

Abolindo o Universo

As três maneiras têm alguns elementos em comum. Há uma aversão pelo mundo como ele é, significando que o erro não está tanto no mundo externo como na própria imperfeição de nosso eu, que, ou é condenado a viver neste mundo por conta dessas imperfeições, ou então que vê esse mundo erroneamente, sendo enganado pelos sentidos imperfeitos. Há também a esperança de um estado eterno, no qual as boas coisas serão permanentes ou abolidas completamente junto com o mal. E o mais significativo de tudo é implicância de que um desses estados religiosos é o propósito final de nossa existência terrena, a partir da qual se conclui que as atividades religiosas são basicamente o único objetivo válido para a humanidade. Portanto, todos os outros objetivos devem ser considerados subordinados e efêmeros, e deste ponto-de-vista, a arte, a literatura, a música, a política, a ciência, o drama, a exploração e o esporte tornam-se vãos e vazios, a menos que sejam considerados somente como meios de conservar corpo e alma juntos em conforto razoável, ou a menos que eles sejam usados para fins especialmente religiosos. Fora desses dois usos, eles se tornam simples adornos da vida, ou simples pílulas douradas, mero relaxamento para mitigar de um modo tão inofensivo quanto possível nossa natureza carnal, pelo receio de que os sofrimentos se tornem grandes demais para serem suportados.

O objetivo desse tipo de religião é mais evidente, quando analisamos os vários modos e meios prescritos para alcançar tais ideais.

Entre os povos civilizados, há dois modos principais de aproximação do ideal religioso e ambos têm vários elementos comuns. Ambos fundam-se na idéia de que a procura da felicidade espiritual nos prazeres mundanos é uma armadilha, porque esses prazeres são transitórios. Talvez eles dêem uma certa felicidade, mas, desde que essa felicidade é inteiramente dependente de circunstâncias externas, desaparece tão logo essas circunstâncias mudem. Mas há algo no homem que torna isso excessivamente difícil para ele, evitar a perseguição dos prazeres terrenos e a religião tenta dominar essa tendência através de uma atitude altamente hostil. Daí a antipatia geral da religião por tudo que diz respeito aos sentidos e especialmente aos mais elementares e importantes prazeres terrenos que são encontrados nas funções sexuais.

O primeiro dos dois meios de aproximação do ideal religioso é encontrado principalmente no Cristinanismo. É o meio de mortificação do corpo, a fim de que os olhos possam voltar das armadilhas do mundo para as eternas glórias do mundo do além. Pelas preces, jejum e atos de caridade, pela abstinência dos prazeres da carne, o homem prepara-se para receber as graças de Deus, senti-las e alegrar-se com elas, graças que os sentidos iludidos pelas coisas terrenas não podem avaliar. Se os sentidos forem aviltados pelos prazeres da carne, o homem se torna incapaz de entrar agora ou no futuro no reino da glória sobrenatural à qual pertence a graça de Deus. Ele não será iluminado pela sua luz, mas queimado por causa de suas impurezas, pois apenas aquelas coisas que foram purificadas do mal podem existir dentro dele.

O segundo meio é similar na maioria dos aspectos, exceto que é um meio de autodesenvolvimento, no qual o indivíduo não depende de Deus, mas da sua própria força de vontade. É encontrado no Budismo e no Vedanta e consiste em exercícios de mortificação e meditação, cujo objetivo é similarmente apurar os sentidos, desviá-los para longe das armadilhas do mundo e finalmente desarraigar da alma o sentido de identidade pessoal e auto-suficiência e seu desejo de encontrar felicidade nas formas da vida.

Obviamente nós estamos discutindo algumas das mais extremadas formas de teoria e prática religiosa. De um modo geral, suas formas externas tem sido modificadas continuamente no curso dos anos. Mas houve pouca mudança na filosofia básica, que equivale à completa negação da vida, como nós a entendemos. Pois, de acordo com esse tipo de ensinamentos, o mundo dos sentidos foi feito com o único propósito de cercar a alma humana com uma infinidade de armadilhas. Mesmo os mais altos prazeres dos sentidos, tais como os encontrados nas artes, são verdadeiros adornos, e os prazeres menos puros como comer e fazer sexo, são unicamente tolerados desde que sejam praticados apenas com o propósito de manter e reproduzir a vida. Hoje, a severa atitude da religião para com esses assuntos tem sido bastante suavizada, mas essa suavidade é mais uma concessão para a natureza humana, do que uma tentativa de alterar as premissas fundamentais da doutrina religiosa. E permanecerá como uma simples concessão para a natureza humana, enquanto esses tipos de filosofia religiosa considerarem os mundos material e espiritual como irreconciliavelmente opostos.

O problema é importante porque afeta a utilidade da religião para a maior parte da humanidade. Geralmente, é ainda crença predominante que aqueles que desejam ir além em religião devem praticar exagerados jejuns e atos de caridade e outras formas de disciplina extremos, para adquirirem a necessária sensibilidade espiritual, a fim de fazer contato com os estados de introspecção consciente e mística, que os sentidos menos purificados já não podem experimentar, como um paladar pouco refinado não pode apreciar as sutilezas de um vinho fino.

Mas esse refinamento e exaltação da consciência por meio de práticas ascéticas é obviamente uma vocação para muito poucos, pois mesmo se ele fosse praticável pela maioria, não seria realmente desejável ter o mundo convertido em um imenso Tibete. Seria mais sábio prestar atenção ao aviso de Lucrécio: "Tantum religio potuit suadere malorum", isto é, "religião demais pode encorajar o mal".

Mas, se a mais alta iluminação do espírito é apenas alcançável por tais meios, qual a utilidade da religião para o comum da humanidade? Ela pode encorajá-los a uma moralidade maior; pode mesmo ensinar a amarem-se uns aos outros, mesmo que o curso da história demonstre que não tenha havido muito sucesso nisso. Pode também conferir-lhe a sensação de realidade do Deus-Pai, a quem eles podem rezar como "um verdadeiro auxílio presente em tempos de dificuldades".

Isso, contudo, não esvazia as possibilidades da religião, porque não chega a estar nem perto dos elementos essenciais da religião; apenas se aproxima do que é chamado "experiência religiosa", sem o que as doutrinas, os ritos e as práticas não são mais que invólucros vazios. Como disse Wilde: "Quando eu estou feliz, sou sempre bom, mas quando eu sou bom eu raramente sou feliz". Isso se torna mais verdadeiro do que nunca se, por felicidade, nós quisermos dizer o estado que surge da experiência religiosa.

A Experiência Religiosa

A experiência religiosa é algo como a inspiração artística ou musical, ainda que inspiração seja uma palavra que, pelo mau uso, tem lamentáveis associações. Experiência religiosa não é elevação espiritual ou caprichoso emocionalismo. No sentido exato da palavra, um compositor é inspirado quando a melodia emerge das profundezas de sua mente, como ou por que não sabemos. Para transmitir essa melodia a outros, ele a registra no papel, empregando um conhecimento técnico, que o habilita a nomear as notas que ouve na sua mente. Esse fato é importante: seu conhecimento técnico não cria a música no seu espírito. Ele simplesmente a dota de um complicado alfabeto, que não é a origem da música da mesma forma que o alfabeto literário e as regras de gramática não são as fontes das idéias dos homens. Se ele estiver escrevendo uma sinfonia, desejará orquestrar sua melodia, mas para fazer isso não procura os livros sobre harmonia e orquestração, para descobrir que combinações de notas indicaram as regras. Ele ouviu a sinfonia inteira em sua mente, com todos os instrumentos tocando sua parte independente, e seu conhecimento de orquestração e harmonia simplesmente o habilitam a dizer qual é qual.

O que os professores de música chamam de regras de harmonia são apenas observações sobre as harmonias mais comumente usadas por pessoas como Bach e Beethoven. Bach e Beethoven não as usaram porque obedecessem a certas regras, mas porque eles gostaram da combinação de seus sons, e se o gosto das pessoas mudasse de forma tal que elas gostassem de outros sons, então as velhas formas harmônicas seriam substituídas.

É necessário a um compositor estudar harmonia, para que ele possa ser capaz de identificar os acordes que ouve na sua mente, mas ele não usa seu conhecimento para criar acordes, a menos que ele seja simplesmente um imitador de outra pessoa. Do mesmo modo, a linguagem é usada não para criar pensamentos, mas para expressá-los, e o domínio da prosa não faz um grande pensador.

O gênio espiritual age da mesma forma que o gênio musical. Porém ele tem um escopo mais amplo, porque sua técnica de expressão, seu alfabeto, é toda atividade humana possível.

Por alguma razão surge em sua alma o sentimento da mais profunda felicidade, não por causa de algum evento especial, mas por causa do todo da vida. Isso não é necessariamente contentamento ou alegria; senão a sensação de sentir-se completamente unido à força que move o universo, qualquer que possa ser. Ele expressa esse sentimento de dois modos. Primeiro, vivendo um certo tipo de vida, e segundo, traduzindo seu sentimento em forma de pensamentos e palavras.

As pessoas que não tiveram esse sentimento fazem observações sobre palavras e atos e a partir delas formulam as regras de moralidade religiosa e teologia. Mas isso envolve uma estranha distorção, pois, como regra, o observador muda o curso de seu trabalho para caminho equivocado.

Quando o místico diz "Eu me sinto unido a Deus", o observador está interessado primeiramente na afirmação como uma revelação da existência de Deus e continua a consultar outros ditados do místico, para descobrir que tipo de Deus é esse e de que maneira Ele se comporta.

Ele está interessado apenas secundariamente no sentimento do místico com sentimento, e o considera somente uma conseqüência do pensamento de que seja possível sentir-se unido a Deus. Pelo que continua a querer alcançar isso, procurando pensar da mesma forma que o místico, ou seja, ele toma as idéias místicas e as substitui pelas próprias. Ele também tenta comportar-se do mesmo modo, imitando as ações do místico. Em outras palavras, ele tenta realizar um tipo de mágica imitativa e, ao imitar as formas externas do místico, engana-se e engana os outros ao pensar que é realmente como ele. Mas o importante a respeito do místico é seu sentimento, e não suas idéias e ações, pois essas são apenas reflexo do sentimento; e um reflexo que existe sem uma luz é um logro. Portanto, do mesmo modo que uma grande competência técnica não faz um gênio criativo em Música, Moralidade, Teologia e disciplina não fazem um gênio em religião, porque essas coisas são resultado de experiência religiosa e não causa; sozinhas não podem fazer nada como a cauda não pode sacudir o cachorro.

A Irrelevância Espiritual do Ocultismo

Este não é o único exemplo de pensamento confuso na busca da experiência religiosa. O outro, que nós já mencionamos, é a oposição feita entre o espiritual e o material. Depende muito, naturalmente, do significado dado à palavra espírito, mas ele deveria certamente não ser confundido com a palavra psíquico e muitas coisas descritas como espirituais são claramente psíquicas.

Não há regra definida de como essas palavras deveriam ser usadas; assim, para sermos explícitos, temos que fazer nossas próprias regras.

E o espiritual, no sentido em que é usado aqui, não é mais oposto ao material do que o branco é oposto ao comprido. O oposto do branco é o preto e o do comprido, o curto. Os objetos brancos não são mais necessariamente curtos, da mesma forma que as coisas materiais não são necessariamente opostas às espirituais.

Mas podemos dizer que o material e o psíquico são opostos, somente no sentido de que eles são as extremidades opostas do mesmo galho.

Os assuntos psíquicos pertencem ao mundo explorado pelo Ocultismo e a Ciência Psíquica — a Telepatia, a Clarividência, a Leitura da Mente e todos aqueles fenômenos que parecem exigir um sexto ou sétimo sentido, cujo desenvolvimento parece inquestionavelmente precisar de práticas ascéticas. Os chamados reinos espirituais habitados por almas desencarnadas, anjos, elementais e a fonte das visões beatíficas, seriam mais acertadamente descritos como psíquicos, se concordamos com que tais coisas têm existência real e objetiva. E esse mundo é o oposto lógico do mundo material, porque ele pertence à mesma categoria; contém formas e substâncias, mesmo que essas substâncias possam ser de uma ordem completamente diferente do que nós entendemos como matéria. As pessoas que estão em contato com esse mundo no entanto, não são, necessariamente espirituais. Elas podem ter faculdades de percepção incomuns, estar familiarizadas com os seres e caminhos de um mundo mais glorioso do que o nosso, mas isso é questão de faculdades e conhecimento, não de espiritualidade. A técnica de viver empregada por tais pessoas está mais altamente desenvolvida do que aquela do homem comum, como a técnica da ópera é mais complexa do que a do simples drama.

A ópera envolve não só a representação, mas o canto, a música e, às vezes, a dança; isso, porém, não a categoriza como uma arte maior.

A espiritualidade pertence à mesma categoria da felicidade e da liberdade e, se considerarmos o sentido exato do termo, não há tal coisa como o mundo espiritual.

Se acreditamos nos sensitivos, existe um mundo psíquico e, desde que é um mundo, a entrada nele depende simplesmente de uma ampliação da experiência.

Mas a experiência como tal nunca fez alguém feliz ou livre e da relação existente entre a experiência e a felicidade ou a liberdade, a coisa importante não é a própria experiência, mas o que é aprendido dela.

Algumas pessoas aprendem com a experiência e outras não. Alguns aprendem muito do pouco, outros aprendem pouco do muito.

"Sem sair de minha casa", disse o sábio chinês Lao Tzu, "eu conheço o universo inteiro".

Pois o espiritual não está de forma alguma dissociado do material nem do psíquico, nem de qualquer outro aspecto da vida. Para encontrá-lo, não é necessário ir de um estado de consciência a outro, de um conjunto de sentidos a outro, ou de um mundo a outro. Tal incursão nos campos da experiência não nos aproxima nem nos afasta dele. Nas palavras do salmista: [3]

> "Para onde irei longe do teu Espírito.
> ou para onde fugirei da tua face?
> Se subir ao céu, tu aí estás; se fizer
> nos abismos do inferno a minha cama, eis que tu ali
> estás também.
> Se tomar as asas da alva, se habitar nas
> extremidades do mar,
> até ali a tua mão me guiará e a
> tua destra me susterá.
> Se eu disser: Decerto que as trevas me encobrirão,
> então a noite será luz à roda de mim.
> Nem ainda as trevas me esconderão de ti.
> Desde que a noite brilha como o dia, e
> luz e trevas são ambas iguais a Ti."

De fato, o mundo espiritual, se é que assim podemos chamá-lo, é este mundo e todos os mundos possíveis, e a experiência espiritual é o que estamos experimentando neste momento e em todos os momentos — se o olharmos do ângulo certo.

União com a Vida

Esta é a diferença entre a experiência religiosa ou espiritual e a inspiração artística. Ambas são análogas, mas a última é de caráter pessoal. O artista ou músico tem um tipo especial de gênio criativo. Ele cria quadros ou peças musicais, porque seu gênio é uma dádiva especializada para esse fim. Mas o gênio espiritual não é um especialista, pois ele não apenas pinta ou compõe criativamente, ele vive criativamente e suas ferramentas não estão limitadas ao pincel, pena ou instrumento musical. Senão que são todas as coisas tocadas pela sua mão. Isso não quer dizer que, quando ele toca num pincel, pode pintar como Leonardo da Vinci, ou que, quando ele pega o martelo e o cinzel, pode esculpir como um verdadeiro mestre.

3. Salmo 139:7-12.

A experiência espiritual não envolve nem competência técnica nem qualquer tipo de conhecimento concreto. Não é um atalho para as coisas que devem ser ordinariamente dominadas pelo esforço e pela prática.

Tampouco a experiência espiritual é necessariamente expressa através de um método de vida especial. A sua presença em qualquer indivíduo não pode ser julgada ou avaliada por comparação com certos padrões. Ela pode apenas ser sentida intuitivamente, pois uma vida criativa não se diferencia externamente de qualquer outro tipo de vida. De fato, os espiritualistas freqüentemente precisam se esforçar para parecerem tão normais quanto possível. Ao mesmo tempo, embora os espiritualistas possam fazer exatamente as mesmas coisas que os outros, nós sentimos que as ações deles são de alguma forma diferentes. Há uma estória de um sábio budista que estava prestes a falar aos seus discípulos, quando achou que queria mais luz. Ele apontou para uma cortina que cobria uma das janelas e imediatamente dois dos discípulos dirigiram-se à janela e abriram a cortina, oportunidade em que o sábio observou: "Um deles está certo, mas o outro está errado".[4]

A espiritualidade em si mesma é exclusivamente uma experiência interior.

Ela não tem necessariamente, efeito nenhum sobre o nosso comportamento externo, julgado a partir dos mundanos padrões de eficiência e sabedoria.

Isso não quer dizer, contudo, que é algo absolutamente privativo e pessoal, não sendo possível sua manifestação de forma que outros o possam ver. Pois a espiritualidade é uma profunda sensação de liberdade interior, baseada na idéia de que estamos em completa comunhão e harmonia com a vida, com Deus, com o Eu do universo ou com qualquer outro nome que quisermos dar a esse princípio. É a compreensão de que essa união existiu sempre, mesmo que não o soubéssemos e que nada no mundo inteiro, nem qualquer coisa que possamos fazer, é capaz de destruí-la. É a sensação de que todo o poder do universo está em ação em cada pensamento e obra, mesmo que sejam triviais ou insignificantes. De fato, isso é verdade para todos os homens e todas as coisas, mas somente o homem espiritual o compreende efetivamente e esta compreensão lhe confere uma qualidade sutilmente diferente à sua vida. Tudo o que ele realiza torna-se estranhamente vivo, pois apesar da aparência exterior ser talvez a mesma, adquire um novo significado.

---

4. *Mu-mon-kwan,* xxvi.

É isso o que as outras pessoas percebem, mas, se ele tiver o dom da doutrina, elas também o perceberão por outros meios. Pelas suas palavras, assim como pelos seus feitos e sua "atmosfera pessoal", elas compreenderão que essa idéia tem despertado nele espantoso amor pela vida em todos os seus aspectos.

A prosa e a lógica da filosofia não podem explicar esse amor, é o mesmo que querer descrever uma bela face através de considerações matemáticas sobre suas medidas e proporções. É uma mistura da sensação de alegria que proporciona liberdade, da infantil sensação de admiração e da sensação interior de harmonia absoluta com a vida, no ritmo de uma eterna dança, tal como a representação hindu das imagens entrelaçadas de Shiva e sua noiva.[5] De certo modo, você sente que sua vida não é vivida por você; o poder do universo, fado e destino, o próprio Deus estão dirigindo todos os seus sentimentos, e todas as suas responsabilidades são abandonadas ao vento. Em outras palavras, você se sente livre para mover-se como deseja, você parece estar movendo a vida com a mesma força com que a vida o move e seus atos mais simples engrandecem-se de possibilidades gigantescas.

De fato, os naturalistas contam-nos que as estrelas são afetadas, toda vez que nós levantamos um simples dedo. O resultado dessas duas sensações é que você já não faz distinção entre o que você faz à vida e o que a vida faz a você.

É como se dois dançarinos se movessem em tão perfeita harmonia, que a diferença entre quem dirige e quem obedece desaparecesse, como se os dois se tornassem uma única pessoa e o próprio movimento. Rodopiando e sempre mudando o ritmo desta dança, você é arrastado sem tréguas, mas não como um embriagado em uma torrente, porque tanto você, como a vida, são a fonte desse movimento. E essa é a verdadeira liberdade. Ela inclui tanto a liberdade de se mover, como de ser movido. Atividade e passividade desaparecem, e na espiritualidade como no casamento isso é a consumação do amor.

A Espiritualidade da Vida Cotidiana

Tudo isso, porém, não ocorre no êxtase do pasmo, num estado abstrato de consciência, onde todas as formas e substâncias desa-

5. V. Zimmer, Kunstform und Yoga (Berlim, 1926).

parecem em uma única essência infinita. O homem espiritual não realiza suas atividades comuns como em um sonho, deixando seus pensamentos superficiais e seus atos correrem mecanicamente. Ele pode estar tão absorvido pelas ocupações comuns do mundo como qualquer outro, mas de certo modo ele as santifica, porque sob suas mãos o fato de apontar um lápis torna-se um ato tão religioso quanto a oração ou a meditação. Na verdade, ele pode se dar ao luxo de deixar-se absorver pelos afazeres quotidianos quase mais do que os outros e pode proceder assim com um certo prazer e abandono, pois, para ele, os pensamentos do homem comum e suas atividades estão incluídos na dança do espírito da mesma forma que todas as outras coisas.

Isso, justamente, é o seu segredo, pois ele sabe que a espiritualidade não consiste em pensar sempre no espiritual como tal.

Seu mundo não está dividido em compartimentos estanques, e sua religião não é uma forma especial de pensamento ou atividade, desde que o espiritual e o material não estão separados.

Mas, que um homem não se ocupe com as atividades comuns da humanidade, não é indicação de que ele não tenha compreensão espiritual. Ele é livre para seguir qualquer profissão que lhe agrade — monge, filósofo, advogado, caixeiro ou negociante —, desde que do ponto de vista espiritual um sacerdote não é necessariamente mais sagrado do que um motorista de caminhão. Além disso, para se obter experiência espiritual, não é essencial "atormentar as mentes pesarosas com piedosas dores", gastar anos no estudo da Teologia, retirar-se do mundo, tornar-se vegetariano e abstêmio, praticar acrobacias mentais e procurar os "mais altos domínios" da consciência, abster-se do sexo ou desenvolver dons peculiares como a "visão da quarta dimensão". Certamente, essas coisas são necessárias para o filósofo profissional ou para aquele tipo especial de cientista, cujo campo de pesquisa é o mundo psíquico.

Se quisermos descobrir como nossos sentidos atuais podem ser desenvolvidos, como estimular fontes de energia ainda não utilizadas, como entender o tempo em termos de espaço e ver o passado e o futuro ao mesmo tempo, como transmitir pensamentos telepaticamente ou como podemos adquirir a faculdade de concentração imóvel, então, teremos certamente que treinar até mesmo mais rigorosamente do que o atleta profissional. Para adquirir faculdades psíquicas, deve-se praticar exatamente tanto como se se quisesse alcançar o recorde mundial de corrida ou poder caminhar sobre brasas sem ser queimado.

As Coisas Secundárias da Religião

A religião, como nós a entendemos, inclui muitas coisas que rigorosamente não pertencem a ela, porque ela, nos velhos tempos, tinha que desempenhar funções que agora foram assumidas por cientistas, doutores e advogados.

Em determinada época, a principal preocupação da assim chamada religião era o estudo e a manipulação do desconhecido e do invisível. Quando essas coisas se tornaram conhecidas e vistas, acabaram saindo do domínio dos sacerdotes. Mas, quando esses sacerdotes eram considerados os mais sábios de todos os homens, esperava-se que eles tivessem respostas para todos os problemas que os outros não entendiam. Esperava-se que soubessem as causas das enfermidades, que decifrassem o comportamento e a influência dos astros, a origem de fenômenos naturais como o trovão, as tempestades e as pestes, para não mencionar as mais remotas perguntas sobre o que acontece depois da morte e se há deuses e anjos.

Muitos problemas dessa natureza foram agora assumidos pela ciência, embora sejamos ainda ignorantes sobre os assuntos da vida depois da morte e ainda não tenhamos evidência objetiva da existência de seres sobrenaturais. Portanto, os sacerdotes são ainda autoridades em tais assuntos, mesmo que eles sejam legítimos objetos da investigação científica e não tenham vinculação essencial com a religião. Chegará o dia em que a ciência, psíquica ou física, poderá responder a essas perguntas, e alguns cientistas imaginam que não haverá então mais necessidade de religião, não tendo idéia definida do que é religião. E isto não é exatamente culpa deles, pois os religiosos raramente conhecem a verdadeira função da religião e ainda gastam fosfato e energia em uma guerra com a ciência, baseados em premissas completamente falsas.

Se pudesse ser provado objetiva e cientificamente que há uma vida depois da morte e que os seres sobrenaturais existem mesmo, isso teria tanta significação religiosa como a descoberta de um novo continente, da existência de vida em Marte ou dos usos da eletricidade. Não seria nem mais nem menos do que acrescentar uma conquista à experiência e ao conhecimento humano. Porém não constituiria um aumento da sabedoria humana, desde que este pertence ao campo da religião. Pois a sabedoria não é conhecimento concreto, nem simples quantidade ou extensão da experiência, nem mesmo facilidade no uso do conhecimento e da experiência. A sabedoria é uma qualidade do relacionamento lógico ou espiritual entre o homem e sua experiência. Quando esse relacionamento é sábio e harmonioso, as experiências do homem libertam-no, mas, quando ele é insensato e desarmonioso, suas experiências prendem-no.

Só a religião pode tratar desse relacionamento, e isso é sua função essencial.* Pois o que resta na religião, quando seu aspecto quase científico é retirado? Somente o total e vasto problema do amor ou união espiritual contido nas perguntas: "Como posso aprender a amar a vida, cuja fonte e essência chamamos Deus?" "Como posso aprender a estar em harmonia com ela em toda a sua expressão, na vida e na morte, no amor e no medo, no mundo exterior das circunstâncias e no mundo interior do pensamento e do sentimento, para que na união com ele eu possa encontrar a liberdade?" Ora, a ciência não pode ensinar nenhum tipo de amor, nem mesmo o amor entre homem e mulher, pois quem já aprendeu a amar a esposa em um livro de psicologia sobre o matrimônio? A moralidade, que a religião ensina, como tendo sanção sobrenatural, é apenas a expressão do amor. Ela o segue como conseqüência e não o antecede como causa. A vontade de Deus expressa na moralidade não é uma ordem oficial para ser meramente obedecida, pois o objetivo da Sua vontade não é que deveria haver moralidade, mas que deveria haver amor; a moralidade é apenas "a aparência exterior, o sinal visível de uma graça espiritual interior".

Na medida em que a religião tem se afastado de seu propósito principal, identificando-se com o psiquismo, — a moralidade só pela moralidade, a Teologia especulativa, a preocupação com a vida após a morte — e procura despertar a espiritualidade imitando suas expressões, ela tem também se afastado das pessoas que não têm interesse em ser especialistas em religião. Aqueles que não concordam com que o principal objetivo do homem deveria estar além deste mundo, que sentem que a salvação nada tem a ver com a transferência para um outro reino da experiência, ou com a mera obediência a uma lei moral — tais pessoas podem encontrar pouca ajuda na religião, como é geralmente ensinada, e hoje elas constituem uma enorme proporção de homens e mulheres inteligentes. Pois o conflito do século XIX, entre a religião e a ciência, foi, para aqueles cujos olhos estavam abertos, uma dissociação dos assuntos secundários da religião, mas infelizmente a religião oficial raramente o encarou deste modo. Ela agarrou-se ao supernaturalismo, que, certa ou

---

Nota do tradutor: Religião vem do latim *religare*, significando re-unir, unir novamente, tornar a ligar.

erroneamente, a ciência racionalista tinha desacreditado e continuou a recusar a primeira dádiva divina, obterá a segunda.

Mas este tipo de religião não encoraja o tipo de amor sobre o qual a espiritualidade está baseada. Nós vimos que sua técnica é imitativa e assim improvável de produzir uma genuína experiência religiosa de primeira mão. Vimos também que seu desprezo por este mundo e sua concentração na vida futura têm pouco a fazer com os elementos essenciais da religião.

Isso não é tudo, pois não só tem pouco a ver com tais elementos essenciais; senão que é também um inabalável obstáculo para o crescimento espiritual, porque ela encoraja um "amor" a Deus sobre base falsa. Deus é amado não porque Ele nos tem dado este mundo, mas porque se diz que Ele tem prometido um mundo muito melhor na vida depois da morte. Sua dádiva deste mundo para nós é, portanto, rejeitada sem agradecimentos — uma afronta que é suavizada pela descrição deste mundo como um lugar de provação para capacitar-nos a entrar no mundo do porvir, baseada no princípio de que, se você recusar a primeira dádiva divina, você obterá a segunda.

Uma "Sensualidade Maior"

Mas, se Deus criou este mundo apenas como um lugar transitório de provação, Ele parece ter se esforçado desnecessariamente na sua construção. Ele nos deu sentidos que apenas começamos a desenvolver em sua total potencialidade, e no entanto a religião nos adverte contra tais sentidos, como se eles fossem dados a nós simplesmente como um tipo de recompensa, para embelezar a vida, com enfeites superficiais como a arte, a literatura, a música e jogos esportivos, para que, praticando-os, possamos relaxar um pouco a tensão causada pela mais importante tarefa que é nos prepararmos para a vida futura.

Mas há um modo de observar as coisas por meio do qual esses enfeites se tornam o principal assunto da vida, e a religião o meio para o seu desenvolvimento, baseado no princípio de que a religião foi feita para a vida e não a vida para a religião. Pois a desgraça do mundo dos sentidos é peculiarmente parecida com a fábula das uvas verdes. O homem queimou seus dedos no jogo do prazer e, em vez de aprender a jogá-lo corretamente, ele sentiu medo e relegou o prazer para os domínios do mal e suas vaidades, clamando:

A esperança terrena na qual os homens fixam seus corações
vira cinzas, ou prospera, e logo,
Como a neve sobre a face sombria do deserto,
Ameniza durante uma hora ou duas e termina.

Mas o importante sobre as belezas da terra é que elas seriam intoleráveis, se não mudassem e desaparecessem. Uma mulher não é menos bela e desejável por ficar velha e de cabelos brancos. Se ela ficasse eternamente jovem, seria um monstro, como muitas mulheres que recusam aceitar as diferentes belezas da idade avançada e morte. Pois a beleza da vida não está em nenhum desses estágios, mas em toda a evolução desde o nascimento até a morte e, se essa evolução for por qualquer meio impedida ou interrompida, aí surgem a infelicidade, os desajsutes e a doença neurótica.

Aqueles que parecem deploráveis e medonhos na idade avançada só estão assim porque os anos os atormentam, porque eles não aceitam o ritmo da vida e avançam rumo à velhice saudosos das glórias perdidas.

Certamente todos os prazeres são transitórios, caso contrário, nós deixaríamos de apreciá-los, mas se isso for transformado em desculpa para a recusa de gozá-los, deve-se suspeitar que as idéias do homem sobre a felicidade são horrivelmente confusas. O segredo da alegria do prazer é saber quando parar. O homem não aprende esse segredo facilmente, mas evitar o prazer completamente é fugir covardemente de uma tarefa difícil. Pois nós temos que aprender a arte de gozar as coisas justamente porque elas são inconstantes.

Nós fazemos isso toda vez que ouvimos música. Nós não nos apoderamos de um determinado acorde ou frase e pedimos para a orquestra continuar tocando-o o resto da noite. Pelo contrário, por mais que possamos gostar daquele momento musical em especial, sabemos que sua perpetuação interromperia e mataria a continuidade da melodia. Nós compreendemos que a beleza de uma sinfonia não está nestes momentos musicais, senão no movimento completo do começo ao fim.

Se a sinfonia é excessivamente longa, se em um certo ponto acaba a habilidade criativa do compositor e tenta continuar somente para preencher o espaço de tempo exigido, então começamos a ficar inquietos em nossas cadeiras, sentindo que ele negou o ritmo natural, quebrou a suave curva que une o nascimento à morte, e que embora uma apelação à vida esteja sendo efetuada, ela é de fato uma morte viva.

Mas esta filosofia de "maior sensualidade" é por si mesma inadequada, porque a vida não é como uma obra-prima musical sob muitos aspectos.

Nós podemos achar bela toda uma obra-prima musical; porém, do ponto de vista sensual somente algumas partes da vida são belas. Ela também tem fealdade, dor e horror, e por isso o amor a Deus afastará essas coisas no mundo do porvir. Mas isso, também, é uma fuga do problema.

Isso porque a atitude da religião comum, tanto para o prazer como para a dor deste mundo, é negativa. O prazer é suspeito, e na vida eterna a dor não existirá.

Mas agora nós devemos perguntar se não é possível que níveis mais elevados de espiritualidade possam ser alcançados através de uma atitude positiva ao prazer e dor neste mundo. Se isso for possível, fica claro que a religião não está necessariamente relacionada com a vida depois da morte e que a espiritualidade nada tem a ver com o isolamento deste mundo.

Ninguém pode negar a existência de uma vida depois da morte, mas que ela deveria ser uma vida mais espiritual do que esta é uma suposição totalmente irracional. Se é verdade que nós reencarnamos fisicamente nesta terra ou em outra, o quadro inteiro muda. Mas, se a Cristandade ortodoxa está correta em sua crença de que nós temos apenas uma vida material, então a próxima vida será psíquica, porque, de acordo com nossa definição, não pode haver tal coisa como um mundo espiritual, sendo a espiritualidade uma qualidade da vida e não um tipo de existência da mesma categoria que a material ou a psíquica.

A espiritualidade é, portanto, um meio de viver em qualquer mundo que estivermos e não é de modo algum separável do processo real de viver naquele mundo. Em outras palavras, não há diferença entre a religião e a vida comum do dia-a-dia. As idéias religiosas e suas práticas (que não são mais a própria religião do que qualquer outra atividade) existem unicamente para promover atitude positiva e carinhosa rumo à vida comum e o que ela significa, isto é, Deus. A menos que sejamos especialistas em religião, que não é a mesma coisa que um espiritualista, as práticas religiosas não são fins em si mesmas. Elas são meios para uma vida mais elevada e completa neste mundo, envolvendo uma atitude positiva e construtiva tanto para o prazer como para a dor, desenvolvendo assim uma crescente habilidade para aprender felicidade e liberdade através de todas as nossas experiências. Neste sentido, a religião é união com a vida; independentemente de que essa vida seja a nossa atual de formas físicas, de pensamento e sentimento com cérebro e alma ou se ela é uma vida futura de substância puramente psíquica, pois elas são apenas diferentes graus de existência, não são diferentes graus de espiritualidade, desde que as leis espirituais são as mesmas para todos os graus de existência, e quando aprendemos a união com uma delas, descobrimos o segredo da união com qualquer uma.

Nós temos sugerido que o segredo desta união está em uma atitude positiva frente ao mundo em que vivemos. Recapitulando o que compete à religião, seria descobrir como podemos aprender a unir-nos à vida em todas as suas expressões, na vida e na morte, no amor e no medo, no mundo exterior dos acontecimentos e no mundo interior do pensamento e sentimento, a fim de que na união com ela possamos encontrar a liberdade e a felicidade. Estar unido com a vida em todas as suas expressões pode parecer uma exigência grande demais, pois aquelas expressões incluem a enfermidade, a dor, a morte, a loucura e todos os horrores que o homem pode imaginar intencional ou involuntariamente para seus semelhantes. De fato, o nó de toda a questão é a aceitação do lado negro da vida, visto que este é a única causa de nossa infelicidade. "Aceitação" pode parecer um tanto fraca para significar uma atitude positiva do amor, mas ela é empregada, porque o tipo de amor em questão é moderado. É positivo, mas não é agressivo. Cresce a seu próprio modo e não é forçado. Portanto, podemos dizer que não é somente tolerar o lado negro da vida. A aceitação, nesse sentido, é muito mais do que um "deixa estar" acompanhado de um resignado encolher de ombros. Vamos chamá-lo de "aceitação criativa", no entanto, sendo que esta frase tem muito sabor a jargão filosófico, escrevemos o nome e apenas nos lembraremos de seu adjetivo qualificativo. Talvez isso seja sábio, pois a verdade dificilmente aparece em um jogo de palavras: para ser genuína, a aceitação não deve ser adjetivada (qualificada).

3 — *O Caminho da Aceitação*

Em anos recentes, os homens parecem ter descoberto uma nova virtude e um novo vício na alma humana.

A virtude é chamada "aceitação da vida" e o vício, "fuga da vida" — duas frases cujo significado, de um ponto de vista estritamente filosófico, é o mais duvidoso. As próprias frases tornaram-se populares e receberam significado especial, não obstante vago, pelo novo movimento em psicologia que começou com Freud, tendo continuidade com Adler, Jung e milhares de outros. Naturalmente, nem a virtude nem o vício são novos e os psicólogos não foram os primeiros a cientificarem-se deles. Carlyle falou deles como o "eterno sim" e o "eterno não", e ainda que a psicologia moderna os tenha investigado com uma mais nova e mais arrojada eficácia, eles têm sido conhecidos através de toda a história sob centenas de nomes diferentes.

Mas, exceto em alguns exemplos isolados, a idéia da aceitação da vida, como é entendida na psicologia moderna, tem estado visivelmente ausente da filosofia e religião do mundo ocidental. Durante séculos o símbolo do esforço moral cristão foi São Miguel e o Dragão — São Miguel triunfante sobre o corpo morto de uma serpente desprezível e dotada de garras e asas, tendo sua lança apontada para seu coração. Essa serpente foi um símbolo não só da ganância, do ódio, da luxúria e da ignorância, mas de tudo o que está incluído na trindade "mundo, carne e mal". Apesar de corrermos risco de citar algo que a maioria das pessoas sabe de cor, é interessante, em relação a isso, voltar ao quinto capítulo do Evangelho de São Mateus.

> "Eu, porém, vos digo: não resistais ao perverso; mas a qualquer que vos fira na face direita, voltai-lhe também a outra; ouvistes o que foi dito: amareis o vosso próximo, e odiareis o vosso inimigo. Eu, porém, vos digo: amai os vossos inimigos... para que vos torneis filhos do vosso Pai Celeste, porque ele faz nascer o seu sol sobre maus e bons e vir chuvas sobre justos e injustos."

A psicologia cristã faz uma interessante distinção entre o homem em si mesmo e o mal nele. De acordo com os preceitos acima, o homem em si mesmo, a alma imortal deve ser amada. Mas para esse verdadeiro amor e para a eterna salvação dessa alma, o mal nele deve ser combatido, odiado e morto sem piedade. Ainda é questionável se Jesus tinha exatamente essa idéia em mente. Certamente ele estava se referindo à reação das pessoas frente às agressões dos outros mas é possível, mesmo provável, que as palavras "não resistam ao mal" signifiquem mais do que isso. É certo que disse aos homens para amarem seus inimigos não só porque seus inimigos eram homens, mas também porque o amor é a única reação sábia ao mal de qualquer tipo, seja humano, natural ou diabólico.

Um mito mais antigo do que o de São Miguel e o Dragão fala-nos de um encontro com um monstro que, para cada cabeça degolada pela espada do herói, surgiam sete novas cabeças. De fato, o problema do mal não é assim tão simples como a técnica aceita da "moralidade pela batalha" pretende. Aqueles desejos, sentimentos e impulsos na alma, que são chamados mal, parecem prosperar na resistência, porque a resistência pertence à natureza deles e, como disse Buda, "o ódio cessa não por causa do próprio ódio; o ódio cessa, mas por causa do amor". Isso parece suficientemente razoável, quando aplicado a pessoas, mas de qualquer maneira nós achamos difícil acreditar que o impulso do ódio só pode ser vencido amando-o. Mas, da mesma forma que com o medo, o ódio da aversão está apenas somando um ódio a outro e os resultados são tão contrários, como os da guerra que foi travada para terminar a guerra. No entanto, se você pegar uma arma e matar um assassino, o resultado parece ser claro e satisfatório: um sujeito perigoso, que podia ter matado pessoas inocentes e indefesas, deixa de existir. Não seria igualmente satisfatório, quando removemos o mal de nosso espírito pela violência? Se, desse modo, deixa de existir, por que devemos questionar os meios usados para afastá-lo?

Hoje isso não é um problema tão grande como o foi para alguns de nossos ancestrais, porque agora há uma inclinação geral de se considerar como mal apenas os mais extremos vícios, com os quais os corações dos homens normais estão pouco preocupados. Muitas coisas que o Puritano teria chamado de pecados mortais são agora ou "naturais" ou positivamente "saudáveis". Mas o problema ainda existe, porque Satã assumiu uma nova forma. Ele não pode aterrorizar-nos e seduzir-nos, de uma maneira tão facil como antigamente, com nossos desejos carnais. Assim ele substituiu a ênfase do mal para a dor, doença, guerra e insegurança — adversários com os quais lutamos agora e odiamos tanto quanto nossos ancestrais lutaram e odiaram a impudícia, a jogatina, a bebedeira e a irreligiosidade. De certo modo, Satã tem o melhor de nós, porque, enquanto nossos ancestrais reconheceram o mal como alguma coisa que existe dentro deles mesmos, alguma coisa pela qual cada homem era pessoalmente responsável, nós temos a tendência para exteriorizá-lo e considerar a natureza ou outra pessoa como responsável.

Ninguém (exceto um cientista cristão) precisa envergonhar-se por causa da dor e da doença. A culpa da guerra é dos nazistas, fascistas ou comunistas e a insegurança tem como culpado o sistema econômico.

Não obstante, há agora entre nós uma parte da opinião que não só reconhece a origem interna de todos os tipos de mal, mas que acredita também que eles são melhor controlados através de uma técnica pacífica.

Desnecessário dizer, os líderes dessa parte da opinião são os psicólogos, pois, do ponto de vista deles, qualquer tentativa de extirpar um pensamento ou desejo do espírito só resulta numa repressão do mesmo. Repressão neste sentido é a contenção forçada, como a água numa represa, um desejo psicológico, que continua se acumulando contra as barragens até que a barragem se rompa ou o desejo encontre outra saída. Os psicólogos não acreditam que tais desejos possam ser totalmente eliminados, porque eles surgem de um aspecto do ser humano sobre o qual sua consciência e sua razão não têm controle. Esse aspecto, o inconsciente, é a irracional natureza do homem, que séculos de civilização e disciplina moral fizeram-no esquecer ou ignorar.

Nós sabemos pela nossa experiência comum e quotidiana da natureza que as forças naturais são excessivamente difíceis de se controlar. Elas podem apenas ser redirigidas. Não se pode simplesmente transferir de lugar o rio Amazonas e, se o obstruirmos, a pressão da água contra a barragem aumentará constantemente, até romper a barreira ou o rio transbordar — a menos que se providencie uma saída. Isso é verdade tanto para os pequenos córregos, como para os grandes cursos d'água. Da mesma maneira, todo mundo que tem um jardim sabe que, se você quer que a sebe cresça mais vigorosamente, você deve podá-la. Naturalmente, se você a extirpar, ela certamente parará de crescer, mas a alma humana não é exatamente como um canteiro de flores a esse respeito.

Nós não podemos exterminar nossos próprios males da mesma forma que a terra não pode eliminar suas ervas daninhas. Mas as ervas daninhas não dominam todas as partes da terra onde a natureza é incumbida de seu próprio destino. É só quando o homem interfere na natureza é que ele começa a observar a inconveniente persistência de certas plantas modestas, a que ele dá o nome de ervas daninhas. Até mesmo os jardins em melhor conservação precisam ter o solo cheio de esterco e outros "desagradáveis" fertilizantes. O que é verdadeiro para o solo é verdadeiro também para a mente humana.

Onde as rosas da virtude florescem gloriosamente, há certamente um canteiro de esterco. Ele será conservado no seu lugar, só para termos certeza, mas ele obviamente lá estará. Não se diz isso por cinismo, porque a imundície do solo de forma alguma diminui a beleza da flor, exceto na imaginação daqueles que gostariam de ver as rosas florescendo no ar, cujos paladares supersensíveis se revoltam frente às realidades da natureza.

Contudo, o perito e entusiástico jardineiro encontra alguma coisa quase agradável no esterco. Certamente, ele não o espalha por cima das plantas, mas um solo bem adubado ele o denomina "bom" e "rico" não "sujo" e "podre".

Isso nos dá uma pista para entendermos o que quer dizer a aceitação do mal, que nunca pretendeu ser uma desculpa para a devassidão sem controle. Significa que o que a moralidade chama de mal é um desejo natural que ninguém precisa temer, se mantido em lugar apropriado — no solo. Em outras palavras, se você se surpreende pensando que quer matar alguém, cometer adultério, assaltar um banco ou bater na esposa, não tente eliminar o pensamento pela força.

A eliminação pela força do pensamento aumenta sua potência, até que ele passa a exigir expressão pela ação. Por outro lado, há ocasiões em que as pessoas se tornam obcecadas com tais pensamentos, mesmo que elas nunca tenham tentado resistir a eles.

O pensamento apodera-se da imaginação delas com uma força aparentemente autônoma e irresistível e os conduz para a ação. Isso é precisamente o que o moralista teme.

Berdyaev escreve, em seu "Liberdade e o Espírito": [1]

> Nossa atitude para com o mal deve ser livre do ódio e ela mesma deve de ser amenizada em seu caráter... Satã alegra-se, quando tem sucesso ao inspirar-nos com sentimentos diabólicos. É ele quem vence, quando seus próprios métodos se voltam contra ele mesmo... Uma contínua denúncia do mal e seus agentes simplesmente encoraja o seu crescimento no mundo — uma verdade suficientemente revelada nos Evangelhos, mas à qual nós permanecemos persistentemente cegos.

Estas palavras de um filósofo da Igreja Católica são significativas. Porque aqueles cristãos que realmente têm estudado o Novo Testamento sabem, assim como os psicólogos, que o mal não é vencido pela violência, mas aparentemente aqueles que inculcam a

---

1. Capítulo 5.º, p. 182. A totalidade desse capítulo é particularmente sugestiva.

moralidade através de uma disciplina constrangedora e legalista, nunca se preocuparam em ler São Paulo.

Se há qualquer dúvida sobre as palavras de Cristo, não pode haver duas opiniões sobre a seguinte passagem da Epístola aos romanos: [2]

> "Porque, quando vivíamos segundo a carne, as causas do pecado, postas pela lei, operavam em nossos membros a fim de frutificarem para a morte... Que diremos pois? É a lei pecado? De modo nenhum. Mas eu não teria conhecido o pecado, senão por intermédio da lei; pois eu não teria conhecido a cobiça, se a lei não dissesse: não cobiçarás. Mas o pecado, tomando ocasião pelo mandamento, despertou em mim toda a sorte de concupiscência; porque, sem lei, está morto o pecado.
>
> Outrora, sem a lei eu vivia; mas, sobrevindo o preceito, reviveu o pecado e eu morri".

Qual era a alternativa de São Paulo? Isso é colocado com mais clareza na Epístola aos gálatas. Na terminologia mística dele é que Cristo deve nascer na alma humana para que a vontade de Cristo suplante o desejo do homem. Leis e regras serão então irrelevantes, porque tudo o que o indivíduo desejar fazer será a vontade de Cristo. Nós temos que descobrir o que isso significa exatamente, mas ficará imediatamente claro que, como Cristo quer dizer amor, implicará uma nova atitude para o mal.[3]

São Miguel como o Dragão

Mas há um ponto importante que é freqüentemente negligenciado. Nós descrevemos uma certa atitude frente ao mal como pacifista e o pacifista é freqüentemente quem odeia, odiar o ódio — três ódios em vez de um só! —, um fato que explica a intolerância freqüentemente violenta dos propagandistas da paz. Pois São Miguel é tanto uma parte integral da alma humana como o próprio mal e a própria dor e, a menos que a intolerância de São Miguel para com o mal e a dor seja aceita juntamente com o mal e a dor, a aceitação é apenas unilateral.[4] Este é, de fato um ponto sobre o

2. Romanos 7:5-9.

3. A interpretação da Bíblia nesses pontos não é fácil, devido a um uso inconsistente das palavras. Nota-se a aparente contradição: "Pois Deus assim amou o mundo..." (João 3:16) e "Se algum homem amar o mundo, o amor do Pai não estará nele" (I João 2:15). O grego é usado em ambos os exemplos.

4. Compare Friedrich Spiegelberg, *Religion of Non-Religion* (Londres, 1938), p. 14-16.

qual a nova psicologia deve ter cuidado, pois poderá, ao reconciliar-se com um mal, criar um outro na forma do próprio São Miguel. A frase "aceitação da vida" significa precisamente a aceitação do todo da vida e certamente não deveria ser compreendida como um simples "laissez faire" * espiritual. Assim, o ideal espiritual é mais do que "uma sábia passividade" — uma atitude parcial que exclui força e esforço, que aceita velhos males, mas cria um novo que é quase pior do que os velhos, porque é mais sutil e complexo.

A dificuldade de toda psicologia de aceitação é que, a menos que ela seja compreendida de modo correto, conduz a um labirinto mental, cujas finas sutilezas levam-nos cada vez mais longe da realidade.

Não há dúvida de que a técnica de relaxação ou aceitação funciona onde uma atitude agressiva só criaria mais dificuldades. Todos os que têm praticado jiu-jitsu têm tido uma convincente demonstração física do modo como a força pode ser superada pela submissão, arranjando-se as coisas de modo que seu oponente se auto-derrote pelo seu próprio esforço.

Mas há dois tipos de aceitação, uma para assuntos particulares e outra para a vida em geral. Exatamente, do mesmo modo, há dois tipos de felicidade, uma que é ocasionada por circunstâncias ou eventos particulares e outra pelo todo da vida. O primeiro tipo de aceitação é uma questão de técnica e o segundo, de espiritualidade. Há modos específicos de realizar o primeiro, mas o último é estranhamente ardiloso.

Aceitação: Parcial e Total

O jiu-jitsu é um exemplo do primeiro tipo de aceitação, sendo simplesmente a troca de uma técnica de combate por outra. Portanto, é uma técnica exclusiva, da mesma forma que a psicologia é exclusiva desde que cria um novo "mal" chamado escapismo, como o oposto da aceitação. Assim, nós temos esses dois estados psicológicos chamados "aceitação da vida" e "fuga da vida", mas, quando eles se opõem um a outro desse modo, é claro que a "vida" pode ter apenas um significado limitado. Isso significa assuntos particulares — da vida — males específicos, desejos, eventos e situações,

* "Deixai fazer", isto é, não interferir no que fazem os outros.

porque quando a vida é entendida em seu sentido mais amplo, não há possibilidade de se fugir dela. Tudo é vida, mesmo o escapismo, e, se o todo da vida deve ser aceito, o desejo de fuga não deve ser transformado em um novo mal. Então, a aceitação parcial é o que os filósofos orientais descreveriam como dualista, totalmente distinto do estado de espírito não-dualista.

Pois, de acordo com os ensinamentos hindu e budista, o homem iluminado atinge um estado de espírito no qual é um com Brahma ou Tathata,[5] a realidade da vida que inclui todas as coisas possíveis fora da qual nada existe. Este estado é não-dualístico, porque é a união com alguma coisa à qual nada pode se opor, e assim é a completa e absoluta aceitação da vida, filosoficamente descrita como união com o princípio que é o significado, a essência e a razão de ser do universo. Nesse estado o homem é extremamente feliz, porque, mesmo que ele possa estar envolvido em um conflito com a dor e com o mal, mesmo que ele possa sentir as emoções muito humanas de medo, ira e amor, ele vive sua vida com uma sinceridade e abandono nascidos da compreensão de que todas as coisas são fundamentalmente aceitáveis. Para ele, há significado e divindade em todos os aspectos do universo, tanto na grandeza como na insignificância, no amor e no medo, na alegria e na tristeza e no contentamento e descontentamento da alma humana. Pois os Upanishads dizem: [6]

> A alma é Brahmam, o Eterno. Ela é feita de consciência e mente. É feita de real e ilusório, da terra e das águas, do ar e do espaço, de luz e das trevas, de desejo e de paz, de ódio e de amor, de virtude e vício, de tudo aquilo que está perto, de tudo aquilo que está longe e de todas as coisas.

Mas essa aceitação total e amor pela vida ilude-nos, porque, empenhando-nos para atingí-la, estamos constantemente em guerra com aquilo que parece estar contra ela. A razão é que, ao tentarmos estar unidos com a vida, estamos nos empenhando para atingir algo que já existe. O resultado é que os próprios esforços para alcançá-lo se constituem em obstáculos porque eles encorajam o sentimento de

5. Tathata é geralmente traduzido como "Suchness" (Suzuki). Alguns poderiam preferir "Realidade", embora "Suchness" seja muito mais convincente e menos eufônico.

6. Tradução de Juan Mascaro, *Himalayas of the Soul, Translation of the Sanskrit of the Principal Upanishads* (Londres e Nova Iorque, 1938), p. 89.

que nós estamos divorciados da vida e temos que nos compor com ela. Mas não somos capazes de perceber logo que esta união já existe, porque séculos de civilização nos tornaram órfãos da natureza dentro e fora de nós, fazendo-nos sentir que somos egos encerrados em nós mesmos, independentes e autônomos.

Os primitivos não sentem isso com a mesma intensidade tendo o que Levy-Brühl descreveu como uma "participação mística" com a natureza, o que quer dizer uma união da qual ele não está inteiramente ciente, porque nunca foi consciente do que significa estar separado da natureza. Essa sensação de separação deve ser sentida antes de que a união possa ter um significado real para nós. Assim, na parábola do Filho Pródigo foi para a volta do filho pródigo que o bezerro gordo foi morto, e não para o filho fiel que sempre ficou em casa e nunca se separou de seu pai.

Assim, se o homem deve realizar novamente a união e harmonia com a vida, ele deve continuar pelo meio indireto de tentar obter aquilo que ele já tem, até se convencer de sua própria loucura. Pois é só pela tentativa de aceitar a vida como um todo que podemos nos tornar cientes de que nunca houve nenhuma necessidade real de tentar, e que a espiritualidade é, de fato, "tornarmo-nos aquilo que já somos". Ao tentar ativamente aceitar a vida, nós vemos que isso tem sucesso apenas quanto às coisas particulares. Nós nos reconciliamos com o lado negro da vida apenas para descobrir que não estamos reconciliados com nosso desejo de fugir dele, e este desejo em si mesmo é um aspecto daquele lado negro. Por este método algo é sempre deixado fora do todo, com o resultado de que nossa aceitação e, portanto, nossa felicidade é ainda dependente de coisas particulares, e nós estamos justamente tão longe de incluir o todo como sempre. Por esta razão, um grande número de pacientes psicológicos nunca são totalmente curados. Neuroses específicas, do tipo mais evidente, certamente são superadas, mas, exceção feita a alguns casos raros, a grande felicidade permanece sem ser descoberta. Isso não é nada surpreendente, pois a total aceitação não é somente a coisa mais enganosa do mundo, como também é uma coisa contra a qual o intelecto e a razão se rebelam.

Os Três Estágios da Moralidade

Discute-se que se a mais alta espiritualidade é simplesmente um problema de aceitação da vida como ela é, e se isto é algo que nós já temos porém não percebemos, então sua obtenção não fará qualquer diferença para as nossas vidas. Possivelmente pode fazer-nos felizes interiormente, mas, se isso não for expresso exteriormente em ações e pensamentos diferentes e melhores, não tem nenhum valor. Além disso, a idéia de uma Realidade suprema ou Deus, que se manifesta igualmente através de toda e qualquer forma de vida, é amoral e perigosa e está em divergência com a importante doutrina cristã na qual a ordem do mundo é basicamente uma ordem moral. Mas este ponto de vista da espiritualidade é apenas incompatível com a ordem do mundo moral, na medida em que a moralidade em questão é a invenção do intelecto humano e o pensamento cheio de desejos.

Se, porém, o princípio da moralidade é "amar ao próximo como a si mesmo", não se pode dizer que a total aceitação é incompatível com a palavra de ordem moral. Pois ela inclui a aceitação das virtudes e os vícios de outras pessoas tanto como de sua própria. Mais que isso, embora a idéia sugira amoralidade, raramente segue esse caminho na prática — um paradoxo que será esclarecido mais adiante, quando considerarmos a total aceitação em detalhe.[7]

Dever-se-ia notar, porém, que há uma considerável diferença entre aqueles cuja aceitação é parcial e aqueles cuja aceitação é total. O moralista comum sente que não é livre para ser algo mais que um virtuoso. Em outras palavras, ele é compelido a ser virtuoso — por uma série de razões.

Pode ser que ele tema a ira de Deus ou as aflições da consciência; pode ser que tenha um senso egoísta do dever, pensando que a natureza dos outros e a sua própria devam se conformar aos ditames da sua razão. Mas ele é um escravo da virtude e combate a sua "baixa natureza" porque sente muito medo ou muito orgulho para fazer alguma coisa mais. Como aqueles cuja aceitação é parcial, não se sentem livres para combater a sua baixa natureza. Pensam que devem aceitá-la, porque alguma coisa mais seria fugir da vida. O resultado é que eles estabelecem uma disciplina obrigatória de relaxação psicológica e, assim, "trocam um rei por outro".

Mas aceitar totalmente é ser livre para a virtude, pois aquele que segue a lei moral em liberdade não sofre as conseqüências da repressão do mesmo modo como o moralista servil. Parte do segredo dessa liberdade é saber que ele também é livre para ser imoral, pois

7. Vide abaixo, capítulo 8.º.

é reconhecer tanto a São Miguel como ao Dragão. Na prática, contudo as pessoas livres são raramente imorais, posto que o Dragão já não as reduz com o fascínio do proibido. Elas encontram preocupação no mal simplesmente tedioso, por razões que mais adiante far-se-ão evidentes. Vamos citar Berdyaev novamente: [8]

> O excesso de poder de tentação dificilmente pode vir a ser um meio positivo para dominá-lo...
>
> Se, na luta contra o mal, nós o considerarmos forte e sedutor, algo proibido e ao mesmo temo inspirador de temor, não alcançaremos nenhuma vitória radical ou definitiva sobre ele... Permanecerá invencível se for encarado dessa maneira... A atração exercida pelo mal é uma mentira e uma ilusão... Somente o conhecimento da sua nulidade e do seu tédio absolutos pode proporcionar-nos a vitória sobre ele.

O Cristianismo e a Religião Oriental

No Cristianismo, a idéia de total aceitação acha-se um tanto oculta. Ela só é comentada explicitamente em alguns escritos dos místicos, mas, tão logo comecemos a pesquisar mais a fundo o simbolismo da doutrina cristã ela vem à luz. Nas religiões orientais, contudo, ela recebe ênfase especial.

De fato, é o princípio fundamental das filosofias Vedantista, Budista e Taoísta. A principal diferença entre estas religiões orientais e o Cristinanismo é que, pelo menos superficialmente, o Cristianismo está associado à crença em doutrinas, enquanto que as religiões orientais interessam-se pelos estados de espírito. Isso quer dizer que o Cristianismo tende a ser uma religião teológica e ética, enquanto que o Budismo, o Taoísmo e o Vedanta são religiões psicológicas. No Cristianismo, a meta suprema está reservada para a vida depois da morte, sendo raramente descrita em termos mais concisos do que "a felicidade da alma absorvida na eterna contemplação de Deus". Muitos cristãos acreditam que a contemplação de Deus pode ser alcançada ainda na terra, mas para a maioria das pessoas tais frases não exprimem senão uma forma de profunda introspecção, na qual a alma é confrontada com uma visão de luz infinita e invadida por um sentimento de amor ilimitado. Mas, como essa condição é atingida? A maior parte dos místicos cristãos concordam que suas formas intensas manifestam-se espontaneamente, em intervalos raros e sem qualquer causa aparente.

---

8. Ibid., p. 183.

As religiões orientais têm essa condição da alma como verdadeiro centro e *razão de ser* *, ainda que não descrevam isso em termos absolutamente iguais aos dos místicos cristãos. Para elas, não se trata apenas de um fenômeno incomum que só ocorre a algumas pessoas estranhamente dotadas, chamadas místicas. É o verdadeiro sangue vital da religião e vem antes de qualquer doutrina ética ou outro aspecto da vida religiosa. O fundamento explícito, tanto do Vedanta, como do Budismo e do Taoísmo é o de que o homem, ainda vivendo nesta terra, pode atingir um estado de espírito que se revela com a compreensão de sua eterna união e identidade com a "Natureza do Universo". Este também é o fundamento do Cristianismo, mas ele não é enfatizado, a sua psicologia é inadequadamente estudada e os diversos caminhos possíveis para a sua obtenção são apenas vagamente descritos.

Em termos gerais, a meta do Cristianismo é fazer da pessoa de Jesus, como descrita nos Evangelhos, uma realidade tão viva quanto possível, a fim de que o crente possa amá-LO, segui-LO e servi-LO, como se ELE fosse um verdadeiro amigo sempre ao seu lado. A psicologia da fé cristã é, portanto, a de uma devoção pessoal do discípulo ao Senhor e Mestre, devoção que se expande para o misticismo quando o crente passa a estar em uma relação de amor tanto com o Cosmo quanto com o Cristo feito pessoa. Geralmente, é impossível separar a psicologia da religião cristã de uma personalidade específica e de crenças específicas a ela relacionadas, de modo que nem sempre é fácil para os cristãos reconhecerem que um estado de alma semelhante, senão idêntico, pode ser alcançado por alguém que nunca ouviu falar de Jesus de Nazaré.

Isso não invalida de modo algum a experiência cristã. Significa apenas que no Cristianismo não há divisão clara entre a psicologia da experiência espiritual e a doutrina e história religiosas. A crença cristã de que apenas uma tradição religiosa e histórica é válida para o homem é um sinal bastante claro dessa cofusão. Tanta ênfase é concedida à história e à doutrina como essenciais à salvação, que não se concebe uma psicologia da religião independente da pessoa do Cristo. Nas três grandes religiões orientais não existe essa confusão, sendo possível formar uma idéia muito mais clara das coisas essenciais da religião e conceber o estado de espírito denominado experiência espiritual como algo diverso da "cor local" dos acontecimentos históricos particulares. Pois, na verdade, se esta experiência

* Em francês, no original: "raison d'être".

for alcançada fora da fé cristã, independentemente da devoção a uma personalidade especial e mesmo sem referências à teologia (como em certas formas do Budismo), então as religiões orientais têm duas importantes contribuições a dar à civilização ocidental. Primeiro, elas oferecem àqueles que perderam a fé nos dogmas históricos e teológicos do cristianismo, os princípios para uma abordagem da experiência espiritual em bases simplesmente psicológicas. Em segundo lugar, o próprio cristianismo pode vir a enriquecer e desenvolver-se quanto a esse aspecto tristemente subdesenvolvido de sua experiência, conduzindo, talvez, a uma compreensão da espiritualidade até mesmo mais elevada do que aquela alcançada pelos seus próprios místicos.[9]

Sabedoria Oriental e Homem Moderno

A sabedoria do Oriente é algo que nós podemos aprender, mas que devemos ter o cuidado de não imitar. Para um ocidental, é algo insensato verter-se ao Budismo ou ao Hinduísmo, como os missionários esperam dos "pagãos" a sua conversão ao Cristianismo, porque há aspectos das religiões orientais que seriam decididamente prejudiciais se os adotássemos. Não podemos fugir de nossas raízes e tradições, diferentes das dos povos asiáticos, pois temos uma função diferente, ou dharma, para cumprir no mundo.

Já dissemos que a aceitação não implica necessariamente passividade mental ou física, mas assim mesmo encontramos um certo tipo de passividade em todas as grandes religiões do Oriente, já que a atitude asiática diante da vida possui um caráter determinante de quietismo e "laissez faire" — atitude, esta, alimentada pelas suas técnicas religiosas. Para eles, essa atitude é correta, mas a psicologia européia e americana é ativa e afirmativa, e não seria correto negar este impulso de ação. Portanto, é importante, no nosso estudo da religião oriental, distinguir entre os princípios e as suas aplicações. Os princípios têm valor universal, mas, de um modo geral, a sua aplicação foi desenvolvida para atender apenas aos povos e às condições asiáticas. Temos de descobrir o nosso próprio caminho para a aplicação desses princípios e, embora isso possa conduzir-nos afinal para algo próximo da passividade oriental, seria o maior engano começar por imitá-los.

---

9. Para um desenvolvimento mais completo desse tema, veja, de minha autoria, *Legacy of Asia* (Chicago, 1938).

As formas exteriores dessa passividade podem ser observadas na meditação ioga: um pacifismo (*ahimsa*) extensivo até mesmo aos animais, uma desconsideração completa do progresso material e das funções sociais e um grande desinteresse por assuntos materiais em geral. É freqüente, na filosofia aplicada do Oriente, a noção de que o mundo das formas e da ação não passa de ilusão (*maya*) não merecendo, pois, a atenção do sábio; trata-se, contudo, de filosofia *aplicada* e não de um princípio fundamental, de acordo com o qual o universo não pode ser absolutamente dividido em ilusão e realidade, visto ser ele não-dual e abrigar todos os opostos. É impossível, para quem quer que não esteja habituado a ele pela tradição, considerar o mundo ilusão por um simples decreto da vontade, pois a imitação das idéias de outro é tão falsa como a imitação do seu comportamento. Mas a introversão oriental e a extroversão ocidental são funções humanas igualmente essenciais e importantes, de forma que considerar uma sem a outra é tão estéril como considerar o homem sem a mulher. Para compreender as coisas essenciais da sabedoria oriental, não é preciso imitar a sua aparência exterior. Nem mesmo seria necessário ou sensato, como alguns teosofistas e supostos budistas e iogas imaginam, irmos e sentarmo-nos aos pés dos mestres na Índia ou no Tibet, aceitarmos a vida dos desabrigados *sanyassin* e adotarmos a técnica da meditação oriental a fim de alcançarmos a liberdade espiritual. Tendo alcançado essa liberdade, contudo, não há razão para que não devamos estudar a meditação oriental, tanto quanto se queira, uma vez que estamos interessados nela. Mas procurar nela a verdadeira salvação, a felicidade ou a revelação é criar problemas, já que é quase impossível evitar tanto a imitação em si mesma como a imitação de algo que pertence a uma tradição alheia.[10]

O Perigo do Ego Enfatuado

Quem quer que tenha estudado o Hinduísmo, o Budismo ou o Taoísmo saberá que o objetivo dessas religiões é chegar à realização da união entre o homem e a *natureza* * do universo. Em suas escrituras, descrevem várias técnicas psicológicas mediante as quais isso pode ser alcançado, e muitos ocidentais que se aproximaram deles a partir de um ponto de vista prático, simplesmente seguiram

* Self.

10. Para um tratamento mais completo desse assunto, veja os comentários de Jung a *The Secret of the Golden Flower,* Wilhelm and Jung (Londres e Nova Iorque, 1931).

as direções dadas. Os resultados não são muito felizes. Tais pessoas não avaliam a grande diferença existente entre a psicologia do homem moderno e a psicologia dos antigos chineses e hindus. Suas escrituras estabelecem muito claramente que a verdadeira *natureza* do homem é Deus.

"Tat tvam asi" é uma fórmula hindu que significa "Aquele (Brahma ou Deus) és tu". Este também é o tema de diversas formas de misticismo ocidental. Nas palavras de Eckhart: "Enquanto eu estou aqui, Ele está em mim; depois da vida, estarei nEle. Todas as coisas, portanto, são possíveis para mim, se eu estiver unido a Ele, que tudo pode".

E novamente: "Eu tenho na minha alma a faculdade de receber Deus inteiramente. Tão certo como eu vivo, nada está tão perto de mim como Deus. Deus está mais perto de mim do que eu de mim mesmo. Minha existência depende da proximidade e da presença de Deus. Ele também está perto das coisas de madeira e pedra, mas elas não o sabem. Se um pedaço de madeira ficasse tão ciente como um arcanjo da proximidade de Deus, o pedaço de madeira seria tão feliz quanto o arcanjo".[11] Mas, para o ocidental moderno, tal conhecimento encerra um perigo; lendo e praticando tais idéias ele está apto a fazer do seu ego um Deus ao invés de fazer de Deus o seu ego.

Até que o homem moderno tenha compreendido verdadeiramente o significado de seu aparente divórcio com a natureza, seu agudo senso de separação e autoconsciência, ele possivelmente não poderá compreender o ensinamento de que sua verdadeira *natureza* é Deus. Se ele fizer qualquer tentativa para impor esse ensinamento a si mesmo, será mais do que provável que alcançará uma elevação espiritual, uma explosão de seu ego rumo à dimensão de Deus, e isso precisamente é o que a filosofia oriental não deseja. Isso acontece porque a vítima infeliz não aceitou primeiro a divisão e o conflito. Ela não permitiu que Deus fosse um ego; ela negou o desígnio da natureza de desenvolver o sentido da separação e, até que ela a tenha aceitado, todas as suas tentativas para resolver o problema serão em termos de egoísmo. Em outras palavras, a menos que se aceite tudo que implica a solidão e o isolamento da autoconsciência, toda tentativa de fugir dela será infrutífera.

---

11. *Meister Eckhart's Sermons*, tradução de *Claud Field* (Londres s.d.), p. 19-20.

O ego não pode abolir a dor do conflito entre si próprio e o universo, simplesmente tentando identificar-se com a essência desse universo que é Deus. Paradoxalmente, deve realizar a sua união com Deus tornando-se *um ego,* precisamente porque *isso é o que o próprio Deus está fazendo* nesse ser humano em particular. Na verdade, o caminho do homem moderno rumo a essa sabedoria é um rodeio e não uma estrada reta, devendo ter ele sempre em mente o ditado: "Antes que se possa unir, deve-se primeiro dividir".

A Importância dos Deuses e Demônios

Há ainda uma outra razão por que a sabedoria do Oriente não pode ser imitada. Ela tem que ser entendida contra o fundo da crença popular entre os povos asiáticos. A sabedoria do Oriente foi ensinada entre homens que acreditavam firmemente na existência de inúmeros deuses, demônios, espíritos elementares e anjos, que eram familiares a todas as potencialidades da alma humana, tanto para o bem como para o mal, e cuja vida pessoal e social dificilmente era regulada, mesmo em teoria, pelo que chamamos razão. Nós, por outro lado, nada temos a ver com deuses e demônios. Não acreditamos que as almas dos homens possam ser possuídas por diabos autônomos, exceto em certos casos de demência, para os quais damos o nome relativamente inofensivo de "obsessão".

Acreditamo-nos mestres de nossos espíritos (ou devíamos ser), e que tais crenças são desgastadas superstições.

No universo da ciência tudo tem uma razão de ser e não há espaço para que os deuses interfiram.

Qual é o resultado? Simplesmente que os demônios, tendo sido expulsos do universo exterior, passaram a trazer a vingança para dentro de nossa própria alma e a se comportar com absoluta irracionalidade. Pois, ao provarmos para nós mesmos que o universo é totalmente explicável em termos racionais e lógicos passamos a ser qualquer coisa, exceto razoáveis e lógicos. Morremos de fome em meio a uma abundância sem paralelo e travamos guerras diabólicas, quando todos sabemos que nada se ganha com a guerra, quando durante anos cada um de nós (conscienciosamente) vem tentando evitar a guerra — sim, mesmo aqueles que pensaram que podiam escapar ilesos * sem provocar uma guerra. Obviamente, o

* *He gets away with murder* — (USA — gíria), ele sempre sai ileso.

psicólogo antiquado poderia dar uma explicação perfeitamente lógica e razoável da irracionalidade humana, mas não estamos falando nesses termos. Estamos observando a situação de um ponto de vista puramente empírico e notando que, quanto mais os homens tentam dominar a vida pela razão consciente, tanto mais irracionais eles se tornam. Não dizemos sequer por um momento que a explicação lógica do universo fornecida pela ciência não é verdadeira. Estamos simplesmente notando com interesse que tal explicação e tal era existem inseparáveis, que num tempo em que a ciência é invulgarmente lógica, os homens são invulgarmente estúpidos. Estamos, pois, habilitados a assumir a ligação entre esses dois fenômenos, pois o psicólogo não se interessa pela verdade ou inverdade das teorias científicas. Ele quer saber por que essas teorias são aceitáveis para o homem moderno. Ele também é impertinente o bastante para sugerir que as pessoas acreditam nelas não porque as teorias ou as pessoas sejam lógicas, mas porque querem ser lógicas.

Em outras palavras, as razões para a crença em um universo lógico teriam que ser inventadas, se não fossem verdadeiras. Como Bernard Shaw diz, a crença é uma questão de gosto, não sendo em absoluto influenciada pela sua própria verdade ou falsidade objetiva. Nossa crença em um universo lógico é uma questão de gosto, mesmo que ela possa ser objetivamente verdadeira.

Dizemos ser homens razoáveis, mas aceitamos os pronunciamentos de nossos cientistas com uma fé tão submissa quanto a fé dos camponeses que acreditam piamente naqueles que dizem ter visto deuses e demônios.

Quantas pessoas poderiam provar tais crenças correntes como as de que a terra gira em torno do sol e os átomos são compostos de elétrons e prótons?

Mas quem são os deuses e demônios que tentamos expulsar de nossas vidas?

Eles são as forças do universo desconhecido e interior do inconsciente, apesar de nós lhes darmos hoje nomes nada românticos como impulsos, depressões, fobias, manias e outras que estão continuamente a lembrar que a nossa vida interior não se acha tanto sob nosso controle ou mesmo sob nossa vigilância como gostaríamos de pensar.

Tais forças são projetadas por outras raças que não a nossa sob formas divinas e demoníacas que desempenham um importante papel na vida cotidiana, e aqueles que foram instruídos nas diversas religiões antigas tiveram de reconhecer a existência destes seres dentro deles. Mas nós relutamos em reconhecê-los por completo, muito menos em nós mesmos, e, desse ponto de vista, achamo-nos em uma posição psicológica até mesmo pior do que a dos pagãos chineses, que acreditam piamente na sua existência externa. Esteja ou não ciente da sua verdadeira natureza, ele o pagão chinês está, apesar disso, ciente das forças irracionais que opera em sua vida, mesmo que uma atenção em demasia lhes dê uma certa liberdade em relação a elas. Naturalmente, há uma considerável diferença nas terras asiáticas entre a religião dos estudiosos sérios e a religião das massas, mas entre os primeiros, os deuses e demônios são ainda preservados, mesmo que haja uma diferença de compreensão. Os estudiosos ocidentais da religião oriental nunca deveriam negligenciar o estudo da sua iconografia, especialmente a do Hinduísmo e a do Budismo, pois nela descobrir-se-á que quase todo deus, por exemplo, Budha, como Bodhisattva, tem sua contrapartida demoníaca. O estudioso, porém, pode surpreender-se ao descobrir que essas contrapartidas demoníacas não são equivalentes ao mal tal como compreendemos a palavra, apesar de as formas com que são pintadas e esculpidas serem extremamente diabólicas.

Tenho diante de mim uma pintura japonesa que representa a divindade budista Nilambara — Vajrapani, que poderia ser facilmente um retrato desse monstro do misticismo ocidental, o Habitante do Princípio.[12] Seu corpo é preto e ele usa uma pele de tigre enfeitada por caveiras; tem umas dezoito cabeças cingidas por serpentes, em cada uma das quais há três olhos brilhantes acima de lábios que rosnam e dentes ameaçadores. Serpentes enrodilham-se em volta de cada um de seus vinte e oito braços e em suas mãos ele agarra espadas, raios e trovões enquanto outros monstros rastejam sob seus pés. Atrás de toda a figura está uma auréola de chama escarlate. Considerando o seu aspecto exterior, ela poderia ser considerada uma versão oriental do próprio Satã, quando então descobrimos que ela é uma das guardiãs da Lei Budista. Remontando a fontes ainda mais antigas, descobre-se a mesma idéia, pois Iamblichos, escrevendo sobre Mistérios Egípcios, diz: [13]

A raça dos demônios... é a responsável pelo fato da bondade dos deuses, invisível de outra forma, tornar-se visível em ato, vindo tanto a incorporar-se a ela como a realizar obras à sua imagem. O

12. V. *Asiatic Mythology, J. Hackin* e outros (Londres, 1932), p. 434. A pintura original está no Museu Guimet.

13. Teurgia or Egyptian Mysteries, Iambliches, tradução de Alex Wilder (Londres e Nova Iorque, 1911), p. 35.

que, pois, era antes indizível nele, torna-se agora capaz de ser expresso.

Também nós possuímos um ditado popular, talvez esquecido, que diz ter "Deus criado o Diabo para aqueles que não podiam aprender pelo amor" e não há de ser mero acaso o fato de se chamar Lúcifer, aquele que conduz a luz. Mas, de qualquer modo, os demônios ficaram identificados ao mal e isso parece ter sido em parte conseqüência da missão repressiva, embora necessária, do Cristianismo. O Cristianismo fez do condutor da luz demoníaco, o mal mas a idade moderna nem mesmo permite que os demônios sejam o mal. Ela não permite que êles existam absolutamente, sendo notável que na maioria das formas do cristianismo moderno o tema do Demônio é evitado com muito tato ou não é explicado satisfatoriamente.

O Relacionamento Consciente

A partir disso, parece que antes que possamos abordar a sabedoria oriental por qualquer via semelhante à abordagem asiática, devemos primeiro tornarmo-nos conscientes novamente das diversas forças demoníacas que a nossa civilização relegou para o inconsciente.

Além disso, teremos que aprender o benefício real destas forças. Elas representam o lado negro da vida, que são os aspectos terrenos da atividade divina — os impulsos profundos do corpo físico, as tempestades da emoção, o princípio da morte e da destruição e todas aquelas paixões irracionais que o culto da razão não tolera. Contudo, isso não deve ser confundido com fenômenos modernos, como a psicologia nazista, com seu culto do sangue e do solo. Tais cultos são selvageria racional e lógica e denotam possessão por aquelas forças, e de forma alguma um relacionamento consciente com elas, pois a filosofia nazista também implica, a completa racionalização e controle da vida social e pessoal — uma combinação bastante sugestiva, além de uma advertência.

Assim, nos dias atuais o homem moderno está inconscientemente identificado com seus deuses e demônios e, enquanto estes permanecerem desconhecidos, ele não poderá estabelecer com eles qualquer relacionamento consciente. Ele não poderá aceitar seu "universo interior", até saber que tipo de coisa terá de aceitar, até saber vê-lo objetivamente e romper a identificação.

No estado de coisas presente, a adoção cega do misticismo oriental simplesmente perpetuaria e agravaria a sua condição. Tentando identificar-se a Deus, ele tornar-se-ia cada vez mais possuído pelas forças inconscientes do seu universo interior. Não é isso o que o misticismo oriental entende por "identificação" com Deus, que não é possessão inconsciente, mas o resultado da realização de um relacionamento consciente entre o ego e seus universos interior e exterior. Na civilização do século XX, tal relacionamento é, na verdade, raro.

A união através do relacionamento consciente está ilustrada pelo diagrama que se segue. O primeiro círculo representa o primitivo, inconscientemente vivido *pela Natureza e com uma autoconsciência apenas limitada.*

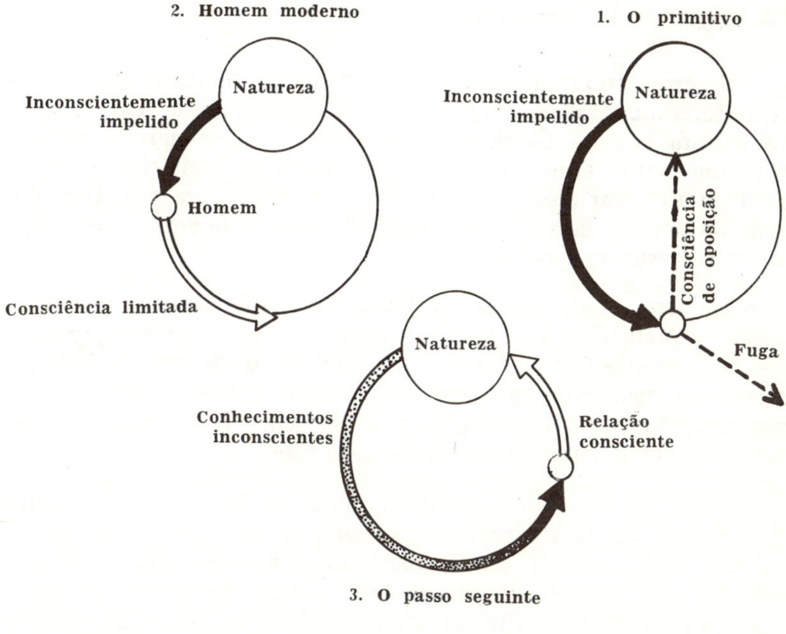

O segundo representa o homem ocidental moderno ainda inconscientemente dirigido, embora, ao mesmo tempo, ciente da diferença entre si mesmo e o universo natural e externo. Se ele escapa dessa oposição ao longo da linha denominada "evasão", ele simplesmente continua a ser dirigido e possuído do mesmo modo por forças inconscientes.

O terceiro representa o princípio da união consciente, da aproximação a Deus ou à Natureza pela aceitação da diferença entre isso e nosso próprio ego — ou melhor, pela aceitação da tensão causada por uma diferença aparente. A união total definida pela filosofia oriental seria representada por uma continuação do terceiro círculo até o ponto em que o homem coincide com a natureza; este seria o mesmo símbolo equivalente ao tema oriental familiar da serpente mordendo a própria cauda. Observe-se que os dois primeiros não são círculos completos. O círculo apenas é completado quando a oposição é aceita e tal completude é um símbolo do sentimento de harmonia em meio ao antagonismo.

Psicologia versus Metafísica

Se esse problema tem que ser abordado do modo acima descrito, seria o caso de se perguntar se a filosofia oriental tem qualquer valor para nós no momento atual. Nós já chamamos a atenção para um certo "ardil" quanto ao problema da aceitação. É precisamente ao tratar disso que o Oriente tem valor para nós. Devemos contudo, ter em mente a psicologia da religião oriental, como algo diverso da sua metafísica.

De fato, é até mesmo bastante duvidoso que essa metafísica tenha se pretendido alguma vez metafísica. Pois a filosofia oriental não é decididamente filosofia, no sentido ocidental da palavra, raramente mantendo qualquer relação com a busca intelectual da verdade objetiva, metafísica, que encontramos em Descartes, Berkeley, Hegel e outros metafísicos ocidentais.

Assim, a doutrina oriental da união do homem com Brahma é o símbolo de uma experiência psicológica, ao invés da afirmação de um fato objetivo, sendo quase impossível estudar a religião oriental com proveito se não se tiver sempre o cuidado de investigar a experiência oculta na doutrina. Mas de todas as técnicas psicológicas da religião oriental, a mais importante é a da aceitação (em chinês, *wu-wei*) — uma técnica que pode ser aplicada em diversos casos. Não devemos aplicá-la exatamente como eles o fazem; nosso método, como vimos, tem que ser um tanto indireto, pois temos de aplicar essa técnica à oposição entre o ego e o universo. Ao fazê-lo, entretanto, chegaremos ao mesmo resultado por um caminho diferente, e descobriremos que a *wu-wei* (aceitação) é mais que uma simples técnica. É uma experiência verdadeiramente espiritual, totalmente independente da metafísica. Assim, tanto para o oriental como para o ocidental, a experiência e a técnica são as mesmas, mas a abordagem, a direção em que a técnica é aplicada difere para cada caso. Falando de um modo geral, eu diria que, enquanto o primeiro aceita o universo, o último deve aceitar o ego e o conflito aí implícito. Mas, como foi mostrado, isso vem a ser afinal a mesma coisa, pois compreender-se-á por fim que o ego e seu conflito são aspectos necessários da vida universal, de Tao, Brahma, Deus, ou que nome venha a ter a realidade última.

Deve-se fazer uma exceção a essa afirmação. É importante lembrar a advertência de Jung de que há ainda entre nós pessoas cujo senso de autoconsciência não está por ora completamente desenvolvido, que ainda compartilham a participação mística do primitivo com a natureza. Elas são facilmente subjugadas por forças inconscientes, como nas obsessões, e, às vezes encontram dificuldade para distinguir entre a fantasia e a vida real. Tais pessoas devem primeiro experimentar a independência do ego. Caso contrário, elas encontrar-se-ão desesperadamente impedidas de tentar qualquer contacto com seus "deuses e demônios" pela ira da aceitação".[14]

Concluindo, podemos dizer que, para o homem ocidental, aceitação significa isso: "Viver e Deixar Viver". Vemos as raízes da nossa infelicidade na guerra entre nós mesmos e o universo, guerra em que quase sempre nos sentimos minúsculos, impotentes e solitários.

As forças da natureza, da morte, da transformação e da paixão sem freios parecem estar contra nossos mais caros anseios, e somente sem qualquer truque ou artifício poderemos nos livrar da solidão sem esperança ou da batalha entre o desejo e o destino.

Essa aceitação funda-se no conhecimento de que o conflito e todos os seus componentes, são aspectos de uma única atividade vital que emprega uma aparente discórdia, para atingir a compreensão da harmonia que, de fato, nunca foi e nunca pode ser quebrada. Isso é para cumprir o propósito daquele conflito, um propósito que é negado quando o ego luta para arrogar-se a si a

---

14. Cf. *Secret of the Golden Flower*, p. 90-91.

identidade com Deus — identidade que é alcançada simplesmente sendo um ego e assumindo a sua verdadeira natureza autoconsciente. Isso, contudo, possivelmente não poderá ser compreendido em nenhum sentido profundo até que a situação, tal como se apresenta, tenha sido aceita, à vista do que ela evoluirá em seu próprio curso natural para uma situação nova e diferente. Mas é também necessário compreender o conflito, para certificarmo-nos da sua existência e do seu caráter, não só em circunstâncias externas, mas também na alma do homem, e desta última somos muito ignorantes. Portanto, parece sensato consultar a sabedoria do Oriente, tanto para a aceitação, como para a compreensão, de forma a descobrir um meio de vida apropriado, o qual, por razões que far-se-ão evidentes somente a psicologia não é capaz de proporcionar.

4 — *O Regresso dos Deuses*

Aqueles poderes da alma humana que os antigos chamavam deuses e demônios não se privam de sua magia pela mudança de seus nomes. Pois eles conservam as mesmas características divinas e demoníacas, mesmo que, de fato, não possam usar halos e asas ou chifres e rabos eriçados.

Ao chamá-los de deuses e demônios os antigos podem ter sido fantasiosos, mas, pelo menos estavam cientes de um fato importante, que quase sempre negligenciamos, isto é, que aquelas forças têm uma vida própria completamente independente do nosso desejo e vontade conscientes. Isso é o que nós estamos inclinados a esquecer quando tentamos tratar com nossos estados mentais quando, por exemplo, uma profunda depressão nos abate ou quando somos surpreendidos por um ódio violento e repentino. Tais fenômenos não são peculiares ou individuais; nações e continentes inteiros podem ser possuídos do mesmo modo e um povo pode ser conduzido à guerra, ou a outras formas de loucura, a despeito dos mais violentos protestos da razão consciente. Hoje em dia, dizemos que tais pessoas perderam o autocontrole. Os antigos teriam dito que elas estavam possuídas por demônios e entre esses dois diagnósticos há toda a diferença do mundo. Para os primeiros, significa nada mais nada menos, que uma simples falha da vontade consciente, enquanto que os últimos reconhecem que muito mais fatores além do desejo consciente terão de ser levados em conta ao se ordenar a vida humana.

Mas, como já vimos, verifica-se novamente entre nós a tendência a reconhecer os nossos deuses e demônios, uma tendência representada pela crescente popularidade da psicologia do inconsciente. Esta nova ciência não revelou apenas a origem inconsciente de estados de espírito familiares como o mau humor e a fobia; revelou também deuses e demônios quase totalmente perdidos para a consciência, como por exemplo, o complexo de Édipo de Freud e mesmo forças mais remotas descritas por Jung, como a *Alma,* o *Ânimo*, a Sombra, a Mãe Terrível, o Velho Sábio e a Mana-Personalidade.[1]

A simples menção destes nomes traz à mente os mitos e as lendas do mundo antigo.

Esses "conteúdos inconscientes" são os vários aspectos daquilo que descrevemos como o universo inferior, desconhecido, do homem, e sendo o objetivo da ciência psicológica trazê-los para o consciente, a fim de que possamos estabelecer um relacionamento consciente com eles, ao invés de sermos instrumentos inconscientes deles. Esta ciência apareceu, em princípio, para ajudar a cura dos estados psicóticos e neuróticos, mas subseqüentemente muitos de seus seguidores passaram a ver nela as possibilidades de um maior desenvolvimento da personalidade para as assim chamadas pessoas "normais" também. Em casos de demência e psicose nós vemos o ego consciente subjugado por forças que penetram apenas levemente ou não penetram de modo algum na consciência normal.

A qualquer momento um distúrbio repentino pode surpreender o ego e tornar qualquer um de nós vítima de mecanismos mentais que normalmente o ego mantém em seu lugar. Pois tudo se passa como se o ego fosse a faculdade de organização cuja função fosse "criar sentido" para uma infinidade de forças caóticas. Quando, porém, tais forças não são por ele percebidas, a qualquer momento pode suceder uma invasão sub-reptícia ou mesmo uma de "agressão aberta", havendo ao mesmo tempo um vago estado de consciência do conflito entre nós e os nossos demônios. Esta percepção

---

1. V. *Jung's Integration of Personality,* capítulo 3.º, "Archetypes of the Inconscious". Para a personalidade-mana, veja *Two Essays en Analytical Psychology*. Um relato mais acessível será encontrado em Francês G. Wickes, *Inner World of Man* (Nova Iorque, 1938).

torna-se mais aguda, quando nos achamos nó mais fundo de um determinado estado de consciência embora, por amor ao conforto, geralmente façamos todo o possível para expulsar a sensação de conflito e esquecer que nossas almas contêm elementos destruidores que devem freqüentemente ser mantidos em ordem.

Mas todas as tentativas de ignorar o conflito interno levam-nos a dificuldades. Isso pode ser esclarecido por um simples exemplo entre muitos outros que chegam ao conhecimento dos psicólogos. Um homem encontra-se inexplicavelmente infeliz em seu casamento e vai consultar um psicólogo. Este lhe faz muitas perguntas sobre a situação e descobre que o homem está perturbado porque há um "algo" misterioso que a sua esposa não consegue lhe oferecer. Estimulado pela discussão do problema com uma outra pessoa, ele sonha, na noite seguinte, que chega do trabalho e verifica que a sua esposa não está em casa. Ele pensa em tomar um banho enquanto espera que ela volte para o jantar, mas, ao dirigir-se para o banheiro, ele encontra a banheira cheia de água suja de sabão. Ele está a ponto de tirar a tampinha para o escoamento da água, quando surge um polvo e enrosca seus tentáculos em volta de seu pulso. Ele desperta apavorado. Interrogado pelo psicólogo, observa que a sua esposa tem o hábito de tomar banho à hora que ele volta do trabalho. Ao invés dela, ele encontra o polvo, mas isso significa que o seu casamento é infeliz porque sua esposa é um vampiro, sai por causa de seu dinheiro e vai abandoná-lo assim que o tiver sugado até o fim? Pelo contrário, os símbolos do inconsciente que encontramos nos sonhos referem-se à nossa própria atitude diante de uma situação, e o homem não sente que isso seja toda a verdade quanto à sua esposa. O psicólogo pergunta então sobre a sua atitude em relação à mãe e descobre que ele foi muito ligado a ela e, além disso, que ela tinha o hábito de protegê-lo, tanto quanto possível, das responsabilidades — proteção que ela adorava secretamente. De fato, com sua própria conivência, sua mãe não permitia que ele vivesse a própria vida. Por isso, o psicólogo entende que o polvo representa a sua mãe, que virtualmente sugava a sua virilidade, a sua capacidade para encarar o mundo com seus méritos. Mas por que ele encontra o polvo onde comumente encontraria a sua esposa? Talvez isso forneça um indício para o misterioso "algo" que supõe faltar nela, que ele tanto deseja e cuja ausência torna o seu casamento infeliz. Na verdade, faz, porque a dificuldade é que a sua esposa não poderá servir-lhe de mãe e não o protegerá de suas resposabilidades. Ele a desposou no engano inconsciente de que ela tomaria o lugar de sua mãe e o sonho mostra-lhe o desejo de retorno à proteção materna na forma de um polvo.

Agora o polvo, a aranha e o caranguejo são símbolos familiares da "Mãe Terrível", nome que é dado ao desejo irracional de regressar a um estado infantil, de voltar à irresponsabilidade protegida da criança ou à confortável e calma obscuridade do útero.

O desejo aparece representado por estes terríveis símbolos porque, do ponto de vista do consciente, ele é um demônio que nega a força do ego e o ideal racional de progresso rumo a posições de independência e autodireção cada vez maiores. Assim, há sempre um conflito entre o ego e esse desejo regressivo, esse princípio de inércia e apostasia que o hindu chama de *tamas*. Se esse conflito for reprimido e abandonado ao não-reconhecimento, o desejo conduzirá o ego a situações em que o conflito será continuado e intensificado sob várias formas. Assim, no caso acima, o conflito entre marido e mulher foi a continuação de um conflito não resolvido entre o marido e seu desejo de voltar à irresponsabilidade infantil, para a proteção materna.

Neurose e Gênio

Esse desejo, precisamente, pode muitas vezes ocultar-se sob um sentimento religioso, quando as pessoas procuram um substituto para a mãe em Deus ou na Igreja-Mãe, mas seria absurdo sugerir que tais desejos são a *razão de ser* * da religião. A sugestão é, antes, a de que a religião genuína é difícil de ser alcançada a menos que esses conflitos tenham sido reconhecidos, pois a religião pode constituir facilmente, para a consciência, um meio de fugir à guerra na alma. Este é o motivo mais importante para que sejamos cuidadosos no momento em que a nossa cultura está sendo invadida por novas e cativantes formas de religião do Oriente. Se desejamos fazer uso próprio dessas formas, é essencial que as usemos segundo a sua finalidade, qual seja, a de resolver o conflito e não ocultá-lo, e isso é mais importante do que nunca em uma idade particularmente cega para seus deuses e demônios.

Mas agora, no que respeita aos caminhos e meios práticos, *como* se dá o reconhecimento do conflito interior e como deve ser ele resolvido? Devemos desaconselhar o sacerdote e o filósofo e

* No original, "raison d'être".

elegermos o médico e o psicólogo, devemos observar nossos sonhos e fantasias, aprender o significado de seus símbolos e familiarizar-mo-nos com o universo inconsciente? No estado atual da prática psicológica eu hesitaria muito em depositar grandes esperanças na sua técnica, exceto em casos específicos do conflito psíquico ou neurose insuportável. Tratando de tais assuntos, ela é da maior utilidade, mas fora isso a sua técnica ainda é algo inadequada e, se não for apoiada por outros elementos tais como a religião, poderia trazer mais mal do que bem. Em qualquer, caso, nenhum psicólogo competente permitiria que o seu paciente se "entregasse" a análise, como um substitutivo para a vida real.

De um certo ponto de vista, é verdade que quase todos sofrem de alguma forma de neurose, ainda que moderada, mas a cura da neurose por si não é geralmente desejável, a menos que uma ou duas dessas condições estejam envolvidas: primeiro, que a neurose seja insuportável e, segundo, que a psicologia possa fornecer uma fonte de energia criativa para tomar o lugar da neurose. De fato, temos que agradecer à neurose o aparecimento dos maiores gênios da humanidade, pela razão precisa de que a fuga do conflito constituiu uma força motriz para as mais altas realizações artísticas e científicas tendo a possessão pelas forças inconscientes sido o segredo de muitos gênios criativos. Na verdade, pode-se atribuir as obras-primas de Leonardo da Vinci [2] a problemas não solucionados de sua sexualidade infantil, e talvez os sonetos de Shakespeare fossem obra de um pervertido sexual. É possível também que, se tivessem sido psico-analisados, os seus nomes jamais seriam lembrados e alguns de nós preferiríamos toda espécie de perversões secretas à impotência cultural e espiritual. Quase todos contam entre seus amigos com pessoas que alcançaram sucesso a despeito de um "complexo de inferioridade" ou sexualidade reprimida; tais sucessos não são invariavelmente benéficos, mas quem gostaria de ver o mundo privado de seus grandes santos e pecadores somente por amor à "normalidade"? É verdade, naturalmente, que nos últimos anos muitos dos gênios do mundo foram colhidos e arruinados pelo conflito contra os quais tanto lutaram para escapar.

Assim, dever-se-ia lembrar que pagamos a beleza da rosa com a podridão do esterco. É a velha história dos pares de opostos.

2. Cf. Sigmund Freud, *Leonardo da Vinci.*

Mas, por outro lado, existiram homens de gênio que de algum modo resolveram essa oposição e cuja força criativa não tinha qualquer raíz na neurose.

A psicologia do inconsciente pode revelar o seu segredo? Ela fornece alguma fonte de energia para substituir a neurose por ela curada?

Até agora, a mais séria tentativa de resolver este problema é o trabalho de Jung. Outros, em parte associados à sua escola e em parte independentemente, contribuíram — notadamente Heyer e Prinzhorn na Alemanha, Assagiolli na Itália, Hadfield, Graham Howe e os Psicólogos Pastorais na Inglaterra e Beatriz Hinkle na América.[3] O sistema de Jung, em particular, merece cuidadosa atenção, porque estabelece uma importante ligação com a psicologia do Oriente. Falando de um modo geral, podemos dizer que o seu sistema de psicologia analítica compreende duas divisões que, em certa medida, se sobrepõem. Uma é a cura da neurose, a outra a re-criação do indivíduo. Na maioria dos casos, um deles se segue ao outro, de modo que a análise junguiana não se restringe tão-somente à solução de um problema particular, mas implica uma "revisão" radical e uma recriação da personalidade, tendo eu mesmo conhecimento de casos em que as análises duraram de 10 a 20 anos. Isso não é de surpreender, pois as mudanças radicais na vida espiritual requerem não dez ou vinte meses; geralmente, ocupam quase o tempo de uma vida.

---

3. V. G. R. Heyer, *The Organism of the Mind,* (Londres, 1933); H. Prinzhorn, *Psychotherapy* (Leipzig, 1930); J. A. Hadfield, *Psychology and Morals* (Londres, 1936); E. Graham Howe, *I and Me* (Londres, 1935) e *War Dance* (Londres, 1937); Beatrice Hinkle, *The Recreating of the Individual* (Nova Iorque, 1923).

Os Psicólogos Pastorais que organizaram agora uma associação em Londres, conhecida como Sociedade de Psicologia Pastoral, estão interessados principalmente em promover a compreensão da psicoterapia entre os ministros da religião. Para comemorar a data, realizaram alguns trabalhos particularmente valiosos, incluindo a publicação dos seguintes documentos: H. Westermann, *The Old Testament and Analytical Psychology;* James Kirsch, *The Religious Aspects of the Inconscious;* W. H. Percey, *Pastoral Psychology and the Gospel;* Jung, *The Simbolic Life* (circulação particular). Seus quartéis-generais estão localizados no St. Georges Institute, Broadbent Street, Londres, W. I.

Não há técnica imutável para a recriação do indivíduo nos termos junguianos mas o processo comumente segue principios gerais.[4] Por vários meios, inclusive a atenção dedicada aos sonhos e fantasias e as discussões com o analista, os símbolos do inconsciente vêm à luz, juntamente com os esforços individuais para descobrir os seus significados e definir a sua atitude para com eles. Esses símbolos são as formas ou "arquétipos" sob os quais os deuses e demônios aparecem, e à medida que o indivíduo passa a lidar com eles, realiza certas mudanças psicológicas em si mesmo. Parece haver quase uma hierarquia desses arquétipos, pois quando um deles é assimilado pela consciência, um outro aparece e as situações resultantes dessas assimilações são representadas por *sonhos-chaves* *. Esses sonhos-chaves diferem dos sonhos comuns por suas características manifestamente simbólicas, pois as imagens que aparecem têm a mais íntima semelhança com as formas das religiões arcaicas e mitológicas. Freqüentemente o sonhador testemunha formas e símbolos dos quais ele nunca teve qualquer conhecimento consciente e não é raro uma série de sonhos-chaves ter muita semelhança com as passagens de antigos rituais de iniciação.

Mas o processo não consiste simplesmente de zelar pelos nossos sonhos; ele é fundamentalmente uma questão de assimilação consciente e aceitação dos processos até então inconscientes, a despeito de sua aparente irracionalidade e independência do ego. Quando isso é levado a efeito com sucesso por algum tempo, diz-se que uma mudança fundamental ocorreu na psique. Jung descreve isso como uma mutação do centro da personalidade do ego para o id, um termo que, no seu sistema, tem o significado especial como o centro de toda a psique, consideravelmente diferente do centro do inconsciente, que é o ego. Ele explica a personalidade como um "ponto virtual" entre o consciente e o inconsciente, concedendo idêntica importância às exigências de ambos. Os sonhos que representam essa situação aparecem geralmente sob a forma da mandala, do círculo mágico, da flor dourada, da rosa no centro da cruz e de figuras similares que representam integridade, equilíbrio e realização do centro espiritual.[5]

---

4. Descrições detalhadas do processo de individuação serão encontradas em Jung, *Two Essays on Analytical Psychology* e, particularmente, em *The Integration of Personality*.

* Key dreams.

5. Os *Mandalas* Orientais são principalmente de origem budista, sendo amplamente usados pelo Budismo Lamaísta e pela seita Shigon no Japão.

Um traço interessante desses mandalas é que as divisões do círculo, ou as pétalas da flor são geralmente quatro, ou múltiplos de quatro. Isso pode ser explicado como um sinal do completo desenvolvimento do indivíduo em todas as suas quatro faculdades ou

Individuação

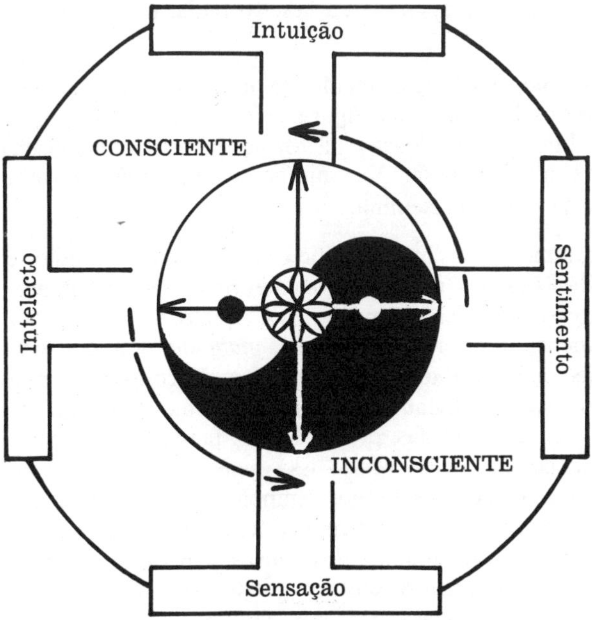

A rosácea sobre o cruzamento

Exemplos serão encontrados em Zimmer, *Kunstform und Yoga* e na publicação do Museu Guimet, *Asiatic Mythology,* em Oberlin e Matsuo, *Sectes Bouddhiques Japonaises,* p. 111-12, e em Waddel, *Buddhism of Tibet.*

Mandalas do ocidente foram muito usados pelo alquimistas, e diversos exemplos serão encontrados em Manley Hall's Encyclopedic Outline of Masonic, Hermetic, Qubbalistic and Resicrucian Simbolical Philosophy (S. Francisco, 1928).

Mandalas mais modernos traçados pelos povos ocidentais serão encontrados em Wilhelm e Jung, *Secret of the Golden Flower,* em F. G. Wickes, *Inner World of Man,* em Heyer *Organism of the Mind* e em Jung, *Integration of Personality.*

funções: intuição, sensação, intelecto e sentimento. Jung sustenta que, falando de um modo geral, apenas uma, duas ou três dessas faculdades são ativas. As faculdades inativas são "contaminadas" pelo inconsciente, quer dizer, identificadas a uma forma arquetípica. Obviamente, aqueles que não concedem nenhuma atenção aos seus sonhos não vêem formas de arquétipo com as quais suas faculdades inativas possam ser identificadas. Por causa delas nós podemos dizer que a faculdade está apenas não-desenvolvida, e desse modo, inconsciente.

Assim, nos sonhos, a faculdade inferior é freqüentemente personificada nos homens, pela figura *anima,* isto é, uma imagem feminina (geralmente uma deusa) na forma da qual o inconsciente pode aparecer e manifestar-se. Nas mulheres, esse lugar é tomado pelo *animus,* uma figura masculina.

Naturalmente, o inconsciente é um reino estranho e para a maioria das pessoas a linguagem descritiva da psicologia de Jung é um jargão por demais misterioso. Lemos muito sobre *animus, anima,* funções inferiores, arquétipos, *mandala,* sonhos-chave e assim por diante, de modo que começamos a desconfiar se não estamos um pouco loucos. Obviamente, para chegarmos a compreender esses inúmeros "alienígenas das profundezes" faz-se mister que tenhamos experiência pessoal deles, sendo isso mais viável através dos sonhos e da assimilação consciente dos símbolos oníricos. Pois, ao sonharmos, o consciente acha-se um pouco sonolento e desguarnecido. Ele não interfere tão ativamente nos outros processos mentais além de que, como todos sabemos, entre o pôr-do-sol e a madrugada os fantasmas se divertem. Mas quer isso significar que, antes que possam alcançar certo desenvolvimento espiritual autêntico, os homens e mulheres comuns devem tomar, cuidadosamente, notas de todos os seus sonhos, aprender os significados de seus símbolos e mesmo recorrer a um analista em busca de auxílio?

Sei de alguém que foi instruído por seu analista para colocar o despertador para tocar de hora em hora durante a noite para que assim pudesse acordar e escrever os seus sonhos em um caderno. Desse modo, esse assunto presta-se muito facilmente à desonestidade, pois toda a técnica está sujeita à caricatura, tanto nas mãos dos analistas, como nas dos satíricos hostis. A única questão importante não é saber se o processo é um aborrecimento, mas sim se ele funciona. Torna ele possível a re-criação do indivíduo?

O Significado da Individuação

Antes de tudo, devemos indagar através de uma linguagem franca e não de um jargão, o que ele se propõe fazer. Propõe adaptar o indivíduo ao seu universo interior, aos desejos naturais incoscientes dentro de si mesmos, de tal forma que todo o seu ser seja transformado em um organismo integral com centro de gravidade e equilíbrio conscientes.

Isso pressupõe ser o inconsciente, como natural no homem, a fonte da vitalidade e implica que a sua força criativa pode ser mais eficazmente dirigida quando o ego o provê com um canal livre, apesar de controlado. Enquanto o gênio neurótico retira a sua energia da fuga, e o gênio natural da possessão pelas forças inconscientes, (que são aliadas secretas da loucura), o gênio integrado estaria provavelmente apto a extrair do inconsciente energias vitais em completa liberdade e conscientemente. Não sei como isso poderia ser expresso mais concretamente, e creio que essa linguagem deve permanecer como um absoluto mistério e para aqueles que não têm em si próprios qualquer sentimento de vida inconsciente.

Quando a vida está completamente centrada na consciência, é naturalmente impossível compreender o significado de um centro de outra espécie. Se estivessem cientes apenas de suas cabeças seria impossível possuir qualquer sentimento pelo seu plexo solar.

Mas talvez haja um outro caminho, mais próximo da experiência comum do dia-a-dia. Muitas pessoas sentem, às vezes, que possuem mais de uma alma; isso é particularmente verdadeiro com relação às crianças e aos primitivos. Lafcadio Hearn descreve uma conversa sobre esse assunto com um camponês japonês, na qual este lhe diz que um homem pode chegar a possuir nove almas, variando o número de acordo com a sua perfeição espiritual. Quanto mais almas, melhor, mas é importante, a despeito da quantidade de almas que se possa ter, mantê-las juntas. "Às vezes", diz ele, "elas podem se separar. Mas, se as almas de um homem forem separadas, esse homem ficará louco. Os loucos são aqueles que perdem uma de suas almas".[6]

Esse sentimento de uma multiplicidade de almas parece ser um estado de espírito elementar do inconsciente, mais especialmente ainda se levarmos em conta o caráter independente de suas forças.

6. V. Hearn, *Glimpses of Unfamiliar Japan*, Vol. II, capítulo 9.º.

As crianças sentem mudanças na sua personalidade de um dia para outro; em muitos casos pode-se verificar, por exemplo, mudanças as mais significativas nas suas caligrafias, sendo maravilhoso observar com que sinceridade elas brincam de ser outras pessoas e outras coisas. Mas como adultos, temos a propensão de esquecer as nossas próprias almas e, ao passarmos da adolescência para a maioridade, ficamos mais acomodados e centrados em nosso comportamento mental. Penso que a re-criação da personalidade poderia ser razoavelmente descrita como o ato de retomar a consciência da nossa pluralidade, das nossas muitas almas e fazer com que todas elas contribuam para o nosso ser, ao invés de uma de cada vez. "O gênio", disse Novalis, "talvez não seja mais que o resultado da Pluralidade interior". Vêm à nossa memória, também as palavras do Ricardo III, de Shakespeare:

> Consultar, para a passagem em questão, algumas das muitas versões existentes em português da peça de Shakespeare, *Ricardo III;* o primeiro verso é:
>
> My brain I'll prove the female to my soul

O Perigo da Feitiçaria

Mas agora resta-nos a seguinte questão: esse método de psicologia analítica funciona? Possuem os símbolos do conhecimento espiritual, que podem ser experimentados nos sonhos, alguma relação com a realidade concreta, com as respostas mais profundas do indivíduo para com a vida, em resumo, com a sua felicidade? Realmente, essa não é uma questão muito clara, pois nunca é justo julgar um sistema pelas pessoas que o seguem. Não tenho qualquer sombra de dúvida de que ele funciona *com as pessoas certas.* Os chineses possuem um ditado que diz: "quando o homem errado usa os meios certos, os meios certos funcionam de modo errado".[7] O próprio Jung é o primeiro a admitir a verdade desse ditado, pois em suas próprias palavras, "em assunto dessa espécie, tudo depende do homem e pouco ou nada do método".

Mas parece que o sistema da psicologia analítica nem sempre atrai as pessoas certas, sendo isso quase sempre certo com relação àqueles que dele se aproximam com a intenção de se tornarem analistas.

---

7. *The Secret of the Golden Flower* (texto).

Felizmente, contudo, há aqueles na escola de Jung que têm uma percepção aguda desse perigo, e é bom que estejam atentos para ele, não apenas por interesse próprio mas também porque dificuldades similares jazem no caminho de qualquer outra aventura do espírito inconsciente e, por esse motivo, o caminho de todo ser humano em busca de adaptação para seu universo interior. Jung penetrou mais profundamente na natureza do inconsciente do que Freud [8] e seu sistema está associado a aspectos da alma humana que possuem uma magia peculiar. Na verdade, tão fundo adentrou ele, que segui-lo, não apenas nas idéias mas na experiência, é uma tarefa extremamente séria, que envolve os mais graves riscos para aqueles cujos pés não estão plantados em terreno sólido. E aqui "os tolos entram de roldão onde os anjos receiam pisar". As mais profundas imagens e forças do inconsciente possuem um fascínio e um encanto irresistível, capazes de deixarem encantados aqueles que não são, como dizemos, "empedernidos".

Creio que o próprio Jung foi bastante consciente desse perigo; fosse ele menos competente, o seu trabalho poderia ter acarretado os mais infelizes resultados. Pois ele esteve atento tanto aos riscos da adulação pessoal quanto ao mau uso de suas descobertas, que ameaçam o trabalho de todos os grandes líderes espirituais. Tais perigos são um tanto intensificados pela natureza do trabalho analítico, mas nada que tenha valor jamais foi alcançado sem risco. Na medida em que ele e seus colaboradores mais próximos continuaram a insistir, como de fato o fizeram, que a análise não é de modo algum um substituto para a vida real, e que certamente não devemos nos entregar a ela, a despeito de sua poderosa fascinação, eles estarão fazendo todo o possível para livrar o sistema de seus abusos. Todo sistema, quer seja religioso ou psicológico, tem seus aproveitadores, mas a psicologia analítica, particularmente, contém poderoso explosivo, por isso será sempre aconselhável que nos protejamos da melhor forma.

Há aqueles que seguem um longo caminho no trabalho re-criativo da psicologia analítica e, não obstante, põem tudo a perder, com a sua inabilidade para se livrarem do fascínio exercido pelo inconsciente e por suas figuras místicas. Quando isso acontece, o processo falha nos seus objetivos.

---

8. Cf. o ensaio de Jung sobre esse assunto, em *Modern Man in Search of a Soul* (Nova Iorque e Londres, 1933).

Ele pretende transformar o indivíduo numa pessoa livre e autêntica em seu próprio direito; preso do fascínio, porém, o indivíduo se torna totalmente dependente do sistema enquanto tal, empreende um grandioso estudo da psicologia e geralmente acaba por mergulhar na sua cativante atmosfera. Certamente, ela proporciona fascínio e mistério, elementos um tanto ausentes na dura realidade do dia-a-dia, mas, quando o sistema se torna um fim, ao invés de um meio, deixa de ser libertário e passa a ser um fardo em nossas costas. Nesse ponto, a análise tem que trazer o paciente de volta ao chão com um solavanco. Esse fascínio é um perigo que ronda constantemente o professor ou o praticante de religião ou psicologia. O estudo do insconsciente em si mesmo apenas não oferece riscos àqueles que são capazes de esquecer o assunto por completo, sem sentirem que estão a sofrer alguma perda. Uma alegoria chinesa da vida espiritual, conhecida como "Os quadros dos dez pastores", representa a conduta religiosa como algo equivalente a levar um boi para pastar.[9] Quando, porém, o pastor o pega e retorna montado nele, não permite que adentre a sua casa; ele o abandona e o esquece.

O comentário a respeito do quadro diz: "Quando você souber que precisa, não de armadilhas ou redes, mas da lebre ou do peixe, será o ouro separado da escória, será a lua a surgir das nuvens". O sistema, que por algum tempo carrega-o nas costas, é o boi, mas se não se sabe como livrar-se dele, teria sido melhor nunca tê-lo seguido, a menos que, naturalmente, tenha sido compelido a aceitar a servidão como o menor dos dois males. Infelizmente, os mistérios da psicologia analítica cativam certa espécie de gente a tal ponto, que elas confundem tal feitiço com o sentimento de uma vocação para ser psicólogo. Tal como praticada agora, a psicologia é um meio de vida entre outros, como o são a medicina ou a cirurgia.

Os médicos e cirurgiões devem conhecer a estrutura do corpo até o menor detalhe, mas não é necessário possuir esse conhecimento para levar uma vida fisicamente saudável. Do mesmo modo, o psicólogo praticante precisa ter um conhecimento completo da psique; o que não significa, entretanto, que esse conhecimento profundo seja necessário para a saúde mental. Nenhum médico sensato, que não seja velhaco, aconselha a remoção do apêndice, das amígdalas, do tecido glandular, dos dentes, dos ovários ou de qualquer outro órgão que venha a lhe ocorrer, quando isso possa acarretar

9. V. D. T. Suzuki, *Manual of Zen Buddhism* (Kyoto, 1935), e também os seus *Essays in Zen Buddhism*, Vol. I (Londres e Kyoto, 1927).

problemas. Somente um maníaco vai ao médico todos os dias para discutir sobre seus órgãos e assegurar-se de que eles estão de acordo com as normas de saúde.

Não obstante, tanto o médico como o psicólogo estão em posição legítima para fazer certas observações sobre a vida saudável, para afirmar certos princípios que não envolvem preocupação constante com os mais profundos detalhes da parte interior do organismo. Todavia, parece mais insensato fazer qualquer esforço *deliberado* no sentido de trazer à luz os conteúdos mais recônditos do inconsciente, a não ser por razões estritamente científicas e profissionais — que não são as mesmas que as razões espirituais. Pois o nosso grau de espiritualidade não depende de *quanto* inconsciente tenhamos assimilado; depende de como nos achamos preparados para aceitar e assimilá-lo, quando chegar a vez de ele se manifestar. Isso é um outro meio de repetir que o conhecimento e a experiência não devem ser confundidos com a sabedoria.

Os Objetivos da Psicoterapia

É aqui que a psicologia ocidental pode receber lições da oriental, que dá mais atenção ao caminho da aceitação e menos às coisas a serem aceitas.

Ela interessa-se por criar um estado de espírito que esteja preparado para todas as eventualidades, todas as surpresas, tanto do universo exterior como do interior. Ela não se desvia de seu curso, procurando coisas para aceitar. Muito pouca ênfase é dada a esse aspecto do trabalho pelos praticantes despreparados da psicologia do inconsciente, donde resulta que a análise possa vir a ter um certo distanciamento da vida. A análise não é algo com que se possa lidar somente à noite, no mundo dos sonhos, e a saúde psíquica não pode ser adquirida a dez dólares por consulta, todas as terças-feiras à tarde. Certa noite, um amigo que me visitou de passagem anunciou repentinamente que tinha de voltar para casa mais cedo, pois o seu analista o instruíra para "enfrentar um problema". Quando o ato de enfrentar os problemas e a aceitação da vida são demasiado calculados, quando isso exige que se vá para casa mais cedo, se feche no quarto e se sente solenemente, tirando o problema da gaveta e encarando-o, somos tentados a indagar o que foi feito de uma certa qualidade indispensável chamada humor. A análise não pretende absolutamente distanciar-se da vida, mas quando se dá a excessiva ênfase ao sonho, ao simbolismo inconsciente, ao desenho, à pintura inconsciente e à fantasia de modo geral, há o perigo de se dividir a vida em duas metades e negligenciar as relações entre elas, como se todo o processo exigisse tão-somente um desenvolvimento no mundo do sonho e da fantasia.

Muitas destas dificuldades seriam superadas por uma clara compreensão dos objetivos do trabalho psicológico por parte daqueles que são incapazes de se beneficiarem com um sábio analista e aqui novamente a visão de sistemas como o Taoísmo e várias formas de Budismo oferece os seus atrativos. Pois aqui o objetivo não é alcançar qualquer *estágio* especial; é encontrar *uma* atitude correta do espírito, seja qual for o estágio em que nos encontremos.

Este, na verdade, é um dos princípios fundamentais daquelas formas da psicologia oriental que deveríamos levar em consideração. No curso dessa evolução, o homem atravessará um número indefinido de estágios; ele alçará o cimo de uma colina para encontrar seu caminho, e este, afinal, sobe e desce, de um cimo a outro, e assim por diante. Nenhum estágio é final, porque o significado da vida está no movimento e não no lugar para onde ela se move. Temos um provérbio que diz que "viajar bem é melhor do que chegar", que se aproxima bastante da concepção oriental. A sabedoria não consiste em chegar a um determinado lugar e ninguém precisa imaginar que ela é necessariamente alcançada trepando-se numa escada, cujos degraus. Se você a descobri, isso não significa que não será mais escada não tem fim e o início da iluminação, da sabedoria ou da liberdade espiritual pode encontra-se em qualquer um de seus degraus. Se você descobri-la, isso não significa que não será mais preciso continuar a subir na escada; deve-se continuar a subir, assim como se deve continuar a viver.

Mas, o esclarecimento é encontrado pela aceitação total da situação em que alguém se encontra agora. O homem moderno encontra-se no estágio da evolução humana em que se verifica a máxima divisão entre o seu ego e o universo. Para ele, o esclarecimento é a completa aceitação dessa divisão. As técnicas psicológicas podem falhar, porque as pessoas não aceitam totalmente os vários estágios nelas implicados; elas os aceitam com o único propósito de alcançar um certo objetivo, como, por exemplo, o estado de "individuação" simbolizado pela *mandala*. Em tais circunstâncias, elas podem até mesmo alcançar esse estado, sem encontrar, porém, o que eles desejam interiormente. Como resultado, algumas pessoas que imaginam ter ultrapassado essa etapa do trabalho psicológico sentem-se mais infelizes que nunca.[10]

A simples exploração do inconsciente não é o caminho para a sabedoria, pois o tolo pode aprender e experimentar muito, e ainda assim permanecer tolo. Ele tornar-se-á um sábio apenas quando tiver a humildade suficiente para se permitir ser tolo. Como Chuang Tzu diz: "Aquele que sabe ser um tolo não é tão tolo assim". Pois o tolo sempre se trai pelo orgulho, pela ilusão de que a medida da grandeza é meramente psicológica e de que a acumulação de novas experiências torna-lo-á um sábio. A psicologia do inconsciente é o seu feliz terreno de caça. "Depois de uns cinco anos de análise", pensa ele, "se eu trabalhar bastante e passar por todos os estágios necessários, deverei tornar-me uma pessoa real, um homem autêntico e livre".

Na verdade, esse trabalho de cinco anos (cujo andamento conduzirá o analista também à tolice) poderá ensinar-lhe algo, na medida em que fizer ver que ele é como o bobo que procurava fogo com uma lanterna acesa. Às vezes, o caminho mais longo é o caminho mais curto para se chegar à casa.

O caminho da aceitação e da liberdade espiritual não leva a parte alguma, senão para dentro de si mesmo e o estágio em que a felicidade pode ser conhecida é agora, neste momento, no verdadeiro lugar onde você estiver. É pela aceitação completa do seu estado de alma tal como ele é agora, não tentando forçar-se a si mesmo a fim de alcançar um outro estado de alma que, sem orgulho, imagina ser superior e mais avançado. Não se trata de saber se o seu estado atual é bom ou mau, neurótico ou normal, elementar ou avançado; trata-se, antes, da questão de saber o que ele é. Não simplesmente aceitá-lo *a fim de que* possa passar para um estado mais elevado, mas aceitar porque a própria aceitação já é esse estágio "elevado", ou como possa se chamar. Ilustrando o fato, eis a história de como o sábio budista Hui-neng esclareceu Chen Wei-ming, que o perseguira a fim de roubar o manto e a vasilha de esmolas de Buda.

Hui-neng tinha colocado ambos sobre uma rocha e, ao tentar roubá-los, Chen viu que eles não saíam do lugar. Imediatamente, Chen ficou aterrorizado e protestou dizendo que ele não tinha vindo para roubar o manto e a vasilha, mas sim a sabedoria que eles

10. Para mais observações sobre o processo de individuação, veja abaixo, capítulo 8.º.

representavam. "Desde que a razão de sua vinda é o Dharma", disse Hui-neng, "não pense no bem, não pense no mal, mas avalie o que sua verdadeira natureza ("rosto original", literalmente) é neste momento". Diante disso, Chen foi repentinamente iluminado. Rompendo em desespero e saudando Hui-neng com lágrimas de alegria, ele perguntou: "— Além dessas palavras secretas e significados ocultos que você acabou de me dar, algum outro segredo?". Hui-neng respondeu: "Se você refletir e reconhecer a sua verdadeira natureza, verá que o segredo está dentro de você".[11]

Práticas Essenciais

A esta altura da história humana o inconsciente torna-se um problema porque o conflito entre a natureza e o ego encontra-se no auge. Mas isso não quer dizer que, para o homem moderno, uma exploração total do inconsciente seja necessária para a liberdade espiritual. Essa liberdade é alcançável agora, mas o desvendamento do inconsciente como uma tarefa especial é algo que depende da evolução futura, sendo que no presente, eu não sinto que ela deva ser tomada seriamente, senão a partir da segunda metade da vida — um ponto sobre o qual o próprio Jung deu ênfase especial.[12] Parece que na metade da vida certas pessoas estão preparadas para empreender uma tarefa que, em termos de evolução, as levará a um estágio além do presente desenvolvimento histórico do homem civilizado. Mas isso está fora de nosso alcance, pois estamos interessados no presente e não no futuro. Isso não quer dizer que não possa haver liberdade de espírito para os jovens ou para aqueles que não se acham preparados para adentrar as camadas mais recôntidas do inconsciente. Assim, temos que levar sempre em conta a distinção entre a conquista da liberdade a partir das condições *atuais* e a futura evolução da consciência do homem e suas faculdades. Precisamente porque o inconsciente tornou-se um pro-

---

11. Do capítulo 1.º do *Tan-ching* ou "Platform Sutra" — a vida e ensinamentos de Hui-neng (também grafado Wei-lang), o sexto patriarca da escola de Budismo Ch'an ou Zen da China.

As traduções são: *Sutra of the Sixty Patriarch,* de Wong Mow Lam (Changai, 1930), versão que pode ser encontrada em Dwight Goddard, cf. *Buddhist Bible* e edição (Tretford, Vermount, 1938). Também *Mu-mon-kwan,* xxiii.

12. V. Jung *Modern Man in Search of a Soul,* capítulo 5.º, "The Stages of Life". Cf. também o meu *Legacy of Asia,* p. 28-29.

blema nas condições presentes, os nossos deuses e demônios mais superficiais exigem pronta atenção se é que desejamos ser livres.

Mas, especialmente para aqueles que não chegaram ainda ao meio de suas vidas, qualquer exploração mais profunda é inoportuna, podendo criar problemas onde não existe nenhum.

Para todos os fins práticos, parece importante que nos concentremos menos na exploração e descoberta do universo interior e mais no trabalho de relacionamento entre o universo (tal como se apresenta agora) e o ego consciente. O essencial é que o indivíduo saiba da existência de um universo interior, que ele tenha alguma noção do seu caráter geral e que esteja preparado para assimilá-lo e aceitá-lo como e quando ele se fizer sentir. Na maioria dos casos, redunda em prejuízo a tentativa de desenterrar os seus conteúdos em proveito do desenvolvimento espiritual. Em outras palavras, quando os deuses e demônios se fazem presentes em nossas emoções, em nosso humor e em outros estados de espírito semelhantes, devemos reconhecer que eles são deuses e demônios, que têm vida própria e que não se pode pura e simplesmente expulsá-los do caminho. Em condições normais, não há necessidade alguma de se fazer uma busca especial das forças da psique desconhecida; elas virão por si mesmas, e então serão suficientemente perturbadoras para que se procure novos problemas em outra parte. Quando, porém, elas vierem, terão de ser recebidas, pois a sua força em relação a nós é proporcional à força que contra elas utilizamos.

Mencionamos três coisas essenciais quanto à compressão e ao acordo com o universo interior: o conhecimento de sua existência, a compreensão de seu caráter geral e a capacidade de aceitá-lo. Esses devem ser considerados mais detalhadamente e de um ponto de vista prático. Muitas pessoas não têm qualquer sentimento com relação à existência de uma mente inconsciente, muito menos de um universo interior, outros acreditam intelectualmente na sua existência, mas não têm nenhuma experiência dele. É importante, desde o começo, não se ter uma concepção ilusória do inconsciente; ele não possui, tanto quanto o conhecemos, nenhuma localização definida e não é, estritamente falando, uma coisa. É antes um processo.

O universo interno realmente não se localiza dentro do ser humano; ele é, por assim dizer, o relacionamento entre as forças naturais impessoais e os processos inconscientes da mente.

Não há, provavelmente, diferença alguma entre os universos interno e externo. Talvez fosse mais correto dizer que o mesmo universo afeta-nos de dois modos diferentes — física e mentalmente. Em ambos, nós somos inconscientes da maior parte dessas influências. Assim, se rastrearmos as origens do corpo físico, seremos conduzidos até ao universo; a mesma coisa é verdadeira quando os processos mentais são remontados até às suas origens e descobrimos que a ligação tanto é histórica como imediata. É histórica na medida em que é herança mental e imediata, enquanto vitalidade mental, pois toda vida deriva em última instância da energia misteriosa, universal, que vibra no elétron.

Essas, contudo, são considerações metafísicas, e o psicólogo deve pensar em termos de experiência. Quem quer que esteja inteiramente consciente de si próprio, sabe pelo menos algo a respeito de suas muitas almas, de seus impulsos instintivos e emocionais profundos que em certa medida governam a sua vida. Não importa se os chamamos mentais ou físicos; há somente palavras para descrever mistérios cujo comportamento conhecemos, mas a substância ignoramos por completo.

Mas nossos impulsos profundos têm indubitavelmente uma força própria que, no final das contas, está além do controle consciente. Ninguém, por exemplo, pode suprimir completamente o instinto sexual, e por mais que se queira poupar ficando sem alimentação, a certa altura todo o ser exigirá alimentação, afligindo-nos com uma fome selvagem. Está, por exemplo, muito além da nossa força controlar o sexo de uma criança que ainda não nasceu; assuntos dessa ordem estão totalmente a cargo de fatores inconscientes, como estão também a digestão do alimento e a circulação do sangue. Do mesmo modo, há aspectos de nossa vida psicológica que funcionam instintivamente e fora de controle consciente.

A Técnica da Aceitação

Se, nem que seja por alguns instantes, sentarmo-nos completamente descontraídos, e deixarmos o pensamento seguir o seu curso, deixarmos a mente pensar no que bem entender, sem interferir, sem fazermos sugestões e sem levantarmos qualquer tipo de obstáculo ao seu livre fluxo, logo descobriremos que os processos mentais têm uma vida própria. Por associação, os pensamentos sofrerão atração um pelos outros na superfície da consciência, e se não levantarmos barreiras, de qualquer espécie, logo nos encontraremos pensando em todos os tipos de assunto, tanto fantásticos como terríveis, os quais habitualmente mantemos afastados da consciência. Mais um intervalo de tempo e esse exercício mostrará que contemos em nós mesmos a potencialidade de incontáveis seres diferentes — o animal, o demônio, o sátiro, o ladrão, o criminoso — de modo que, com o tempo, sentiremos que nenhum aspecto da vida humana nos é estranho — *humani nihil a me alienum puto*. Geralmente, a consciência está eternamente interferindo nas águas da mente, as quais são escuras e turbulentas, ocultando as profundezas.

Mas quando, por um momento as deixamos entregues a si próprias, o lodo assenta e, com clareza cada vez maior, divisamos os fundamentos da vida e todos os alienígenas das profundezas. Podemos ver outras coisas também. "Dois homens examinavam uma lagoa". Um deles disse: — "Eu vejo bastante lodo, um sapato e uma caneca velha". Disse o outro: "Eu vejo todas essas coisas, mas também vejo o magnífico reflexo do céu".

Pois o inconsciente não é, como muitos pensam, mero rebotalho; ele é, simplesmente, natureza não afetada, diabólica e divina, dolorosa e agradável, medonha e encantadora, cruel e compadecida, destrutiva e criativa. É a fonte do heroísmo, do amor e da inspiração, assim como do temor, do ódio e do crime. Na verdade, ele é como se carregássemos dentro de nós uma duplicata exata do mundo que vemos ao nosso redor, pois o mundo é um espelho da alma e a alma, um espelho do mundo. Portanto, quando aprendermos a sentir o inconsciente, começaremos a compreender não só a nós mesmos, mas também aos outros, e quando considerarmos o crime e a estupidez humanas, poderemos dizer com sentimento verdadeiro: "Lá vou eu com a Graça de Deus".

Além disso, é irrelevante e desnecessário "provar" a existência do inconsciente. Só se pode prová-lo através da experiência pessoal, sendo quase sem valor enquanto simples conceito. O importante é ter algum sentimento, por mais rudimentar, da existência e de suas potencialidades para o bem e para o mal. Além disso, dizer que temos um inconsciente é só um outro modo de dizer que mental e fisicamente nós somos filhos da natureza e que nossas vidas têm raízes que excedem a nossa visão. Às vezes, parece totalmente impossível que existam aqueles que simplesmente não podem aprendê-lo.

Agora resta a questão da capacidade de aceitar o inconsciente e isso envolve três coisas: primeiro, a faculdade de aceitar o seu aspecto "sombrio"; segundo, a faculdade de aceitar a independência em relação ao ego desses deuses e demônios; terceiro, a faculdade de aceitar o conflito entre alguns destes deuses e demônios e o ego. Nem é preciso dizer que essas três faculdades não são diferentes; elas são a mesma faculdade trabalhando em três direções diversas, mas afins. O processo pode ser melhor explicado com um exemplo concreto. Vamos tomar, por exemplo, um estado de espírito causado por depressão aguda. Três coisas podem ser ditas dele: primeiro, que é desagradável em si mesmo; segundo, que chega sem a nossa permissão e não vai embora ao nosso pedido; terceiro, que temos alguma reação em relação a ele, uma reação de impaciência, aversão, de desejo de livrar-se dele — o que é um fator distinto do sentimento da própria depressão e que se acrescenta a ela.

Podemos identificar esse estado de espírito a um demônio que, saído do inconsciente, nos "possuiu". O caminho da aceitação principia quando concedemos a ele a nossa atenção. Ao invés de tentarmos esquecê-lo e reprimi-lo, devemos acomodar a nossa mente para tratar com ele conscientemente, como que de homem para homem. Em vez de postarmos o nosso criado à porta (o censor freudiano) para mandá-lo embora, devemos convidá-lo a entrar e tomar uma xícara de chá.

Sim, seria melhor talvez oferecer-lhe um uísque com soda, e digo isso com toda a seriedade, porque a idéia é encorajá-lo, convidá-lo a ser o que ele é como que por vingança, convidá-lo a *ser* uma depressão. Pois isso é aceitar a sua independência em relação ao ego, ou seja, permitir que ele se comporte como deseja ou, como os chineses dizem, siga o seu próprio *tao,* porque se nós não concedermos a todas as outras coisas o seu próprio *tao,* não poderemos esperar alcançar o nosso tao. Em linguagem corrente, podemos dizer que estar de acordo com a natureza é permitir que tudo siga o seu próprio curso. Como observou Lieh Tzu, ao explicar o segredo de sua misteriosa capacidade de viajar no vento, "eu permiti que meu espírito pensasse sem restrição em qualquer coisa que o agradasse e que minha boca falasse qualquer coisa que a agradasse". Assim, nós permitimos que a depressão siga o curso que melhor convém a ela. Ao invés de negá-la, nós a afirmamos. Isso exige sentir o nosso caminho até ao âmago e experimentá-lo integralmente — quase se poderia chamar a isso de "alto masoquismo" —, entretanto, ainda que aos olhos do senso comum isso pareça a coisa mais absurda a se fazer, ela conduz à descoberta de que mesmo a depressão mais funda tem um profundo significado para nós e é uma oração disfarçada. Não foi sem razão que os egípcios tinham os demônios na conta de mediadores entre os deuses e os homens.

Se, contudo, o conflito entre a depressão e o ego é particularmente forte, temos primeiro que tratar com um outro demônio mediador na forma do próprio conflito, o sentimento de impaciência, desgosto e ansiando nos livrarmos dele.

Às vezes, a depressão real é uma proposição demasiado cruel para ser tomada à letra, e assim nós temos que permitir que o sentimento de desgosto seja ele próprio e comporte-se como bem entender. Para isso, soltamos a rédea da mesma maneira, incitando-o a ser tão enojado, impaciente e irado quanto desejar. Isso, naturalmente, proporciona um grande alívio psicológico.

Pois significa que o ego consciente despiu-se da responsabilidade desnecessária e impertinente de pensar que é essencial para dirigir tudo que gira em torno dele, como também a de interferir em tudo isso. É precisamente esse sentido de falsa responsabilidade que perturba a sua paz de espírito.

Isso é especialmente perceptível nos casos de insônia, nos quais as pessoas são mantidas acordadas por irritações menores, tais como barulhos noturnos, portas batendo, trens cruzando pontes, mudança da marcha dos carros e o movimento de pessoas pela casa. Os irrequietos de imediato assumem a responsabilidade por esses ruídos, precisamente pelo desejo que sentem de interferir neles, e a tensão dessa responsabilidade os deixa acordados. Mas se ele permitir que continuem e façam tanto quanto queiram, sentir-se-á imediatamente aliviado, relaxado e pronto para dormir.

Em tais assuntos, é bom seguir o exemplo de uma das inimitáveis criações de Edward Lear:

> Havia uma mocinha cujo laço do chapéu
> Desatou, quando as aves pousaram nele.
> Mas ela disse: eu não me importo,
> Porque as aves das alturas
> São bem-vindas para pousarem no meu chapéu.

Um outro exemplo encontra-se na recordação de uma conversa entre um professor chinês de budismo e seu aluno, que faz a pergunta: “Faz um calor horrível, como nos livrar dele?”. O professor respondeu: “Vá até o fundo da fornalha”. “Mas dentro dela — insistiu o discípulo, um tanto confuso — como poderei escapar do fogo ardente?”.

"Nenhuma dor mais o atormentará", concluiu o professor.

Conta-se a estória de um lunático que costumava aquecer-se com um tijolo na cabeça. Quando lhe pediram uma explicação para esse comportamento, ele respondeu que tinha uma sensação agradável ao retirar o tijolo. Do mesmo modo, poderíamos dizer que a *raison d'être* espiritual da aceitação é aplicável aos demônios de ambos os mundos, os do inconsciente, sob a forma de depressões, fobias e estados semelhantes, e os das circunstâncias externas, sob a forma de dor física e irritação. Nesse sentido, a aceitação é a pedra filosofal que "transforma tudo em ouro". Isso significa dirigir a nossa consciência para o verdadeiro âmago de qualquer dor que nos atinja e permitir que ela faça o pior.

Como para nossa reação à dor, aplica-se o mesmo princípio, pois nós asseguramos ao demônio que deseja fazer ruídos, protestar e jurar, terreno livre para seguir em frente. Ele não necessita disso com tanta freqüência, pois o verdadeiro ato de conceder-lhe a liberdade é em si mesmo um alívio.

Os Problemas da Emoção

Os estudantes ocidentais de psicologia oriental sentem-se desconcertados pela capacidade mostrada por muitos "sábios orientais" para emoções violentas. Nós temos a impressão de que os sábios orientais são seres inteiramente calmos e "controlados" sob quaisquer circunstâncias. Mas essa expectativa é algo que um certo elemento puritano presente no espírito ocidental, um certo desejo frio e intelectual de super-humanismo e ultra-eficiência projetou na psicologia oriental. Essa afirmação é feita com certas reservas, porque o tal elemento indubitavelmente existe em algumas das filosofias da Índia, notadamente no Budismo Hinayana. Deve ser lembrado, contudo, que num clima tropical as energias vitais, ainda que abundantes, não são particularmente poderosas. O Budismo chinês é mais vivo e sua história contém inúmeros exemplos da capacidade apresentada pelos iniciados de manifestarem emoções quase elementares, particularmente a ira.

Basta que observemos os aspectos demoníacos de alguns deuses e Bodhisattvas na iconografia tibetana, chinesa e japonesa. Se alguém imagina que o Budismo é uma religião de pura passividade, como nós o entendemos, deve examinar algumas telas chinesas de

Ácala. Seria bom também visitar alguns dos mestres vivos do Zen Budismo. Pois a arte de se reconciliar tranqüilamente com aqueles aspectos do homem natural que corresponde à tempestade e ao trovão no universo natural é deixá-los irados. Do mesmo modo que há uma incomparável beleza e majestade no trovão e no relâmpago, há também algo que impõe respeito na cólera recolhida e solitária do sábio, que não é simples perda de calma ou irritação insignificante. Sabemos como Jesus expulsou os vendilhões do templo e que não foram palavras meigas aquelas que estigmatizaram os judeus como uma "geração de víboras" e os fariseus como "pálidos sepulcros". Isso, na verdade, é a ausência de uma espécie errada de autocontrole, pois temos que julgá-la de um ponto de vista psicológico e não intelectual-moral.

A aceitação pode ser tanto passiva como violentamente ativa e para o demônio (ou pode ser deus) da ira nós dizemos a mesma coisa que para a depressão e dor: "Vá em frente tanto quanto você gosta, cause o seu dano e da melhor forma possível". Ninguém totalmente identificado com sua ira poderia jamais dizer isso, porque a faculdade de aceitar implica sempre uma certa diferenciação entre o ego e o demônio invasor, e assim nunca se confunde com a "possessão" cega. Somente quando há possessão podemos atribuir à ira ou à paixão um certo sentido imoral. Mas não pode haver sempre uma manifestação externa da emoção, pois aqui vemos novamente que precisamente o sentimento de ser livre para se ter tanta ira quanto queiramos é geralmente alívio suficiente para a mesma. Às vezes, contudo, pode ser útil produzir uma manifestação externa em vista do efeito.

A Falsa Masculinidade

Mas aqui temos de enfrentar o preconceito que considera sinal de fraqueza e efeminamento dar livre curso aos demônios da emoção, pois a nossa civilização ainda conta com um poderoso elemento de estoicismo, especialmente na mentalidade masculina. Os homens são particularmente avessos à exibição de quaisquer das emoções mais "femininas" que, de acordo com a sua versão abrangem reações emocionais à dor e à tristeza, tais como o pranto e o grito, e sofrem "reviravoltas no estômago" diante de observações desagradáveis.

Pessoalmente, eu deveria ser o último a condenar o desagrado masculino diante do "afeminado", embora, quando levado a extremos, ele produza uma crítica "constipação" do sentimento-natureza, uma queixa comum entre os homens na América. Pois entre algumas amplas camadas da comunidade americana, essa aversão é ampliada até atingir todo interesse por assuntos religiosos, culturais e estéticos, sendo que eu próprio conheço muitos cuja precaução em relação a tais coisas não passa de pura simulação.

Interiormente, essa parte de seu ser exige manifestação e eles negam isso por conta própria e assim fazendo, não perdem apenas uma grande parte daquilo que torna a vida mais digna de se viver; causam também males psicológicos a si mesmos, o mais sério dos quais é uma incrível deficiência para compreender as mulheres. Dificilmente haverá outro país no mundo onde exista uma tamanha falta de compreensão verdaderia entre maridos e esposas como os Estados Unidos. Isso não é uma simples generalização. Milhares de clubes femininos e grupos de costura testemunham o fato, pois não haveria qualquer necessidade de as mulheres se agruparem desse modo, se as suas vidas no lar fossem verdadeiramente satisfatórias. Mas a razão disso é uma concepção completamente falsa da masculinidade. Quando um homem nega o sentimento-natureza, ele não apenas encaminha a sua esposa para os clubes femininos a fim de adquirir "cultura", mas também encaminha-se ele próprio para a religião ou para outro homem em busca de satisfação sexual. Qualquer homem primitivo consideraria uma inabilidade oferecer satisfação sexual a sua esposa sujeitando-a à maior vergonha possível. Mas é absolutamente impossível fazer isso, quando nosso sentimento-natureza está inteiramente reprimido, e quando a "hombridade" exige que nosso hálito cheire constantemente a uísque e cigarro, que sejamos capazes de fazer amor sem estardalhaço e identificar o ato sexual com a integridade e pressa que não podem mesmo ser chamados brutais. É simplesmente imprudente e fútil e no que diz respeito às relações sexuais, é realmente nada mais do que masturbação.

Para ser um homem completo, este tem que reconhecer o elemento feminino existente nele próprio, pois ele não é um homem a menos que seja capaz de oferecer à mulher aquilo que ela exige e necessita. Ela não necessita apenas de um ganha-pão e de um corpo de homem. Ela necessita, acima de tudo, de um companheiro que possa, até certo ponto, sentir como ela. Isso exige que o homem reúna em si mesmo a força masculina e a graça feminina.

Com relação a esse assunto, o homem moderno poderia solucionar muitos problemas da vida doméstica tomando uma lição do "livro do casamento" hindu, o Kama Sutra.[13] A arte de Kama, o uso dos sentidos, era parte essencial da antiga educação hindu, mas nós deixamos quase completamente de ensinar aos jovens algo que será empregado na vida de casado, completamente à parte da arte da sexualidade. Não podemos ser rigorosamente estóicos sem ser celibatários. Mas a filosofia estóica não reconhece que o controle das emoções não implica de forma alguma a privar-se das emoções. Controlar um automóvel não é conservá-lo trancado na garagem. Não se pode começar a controlar as emoções, sem que antes nos permitamos ser livres para usá-las, e a dificuldade de conservá-las dentro dos limites apenas aumenta com o mero controle repressivo. Por essa razão, há milhares de pessoas supostamente bem-educadas que se comportam pior do que as crianças, quando tomadas por grande emoção, não tendo discernimento e, acima de tudo, nenhum amor para a porção feminina delas mesmas. Pequena maravilha, pois o fato de que o homem moderno tem de se reconciliar com seu inconsciente através da *anima* feminina. Seu problema psicológico é inicialmente realizar com sucesso um casamento dentro de si mesmo — um casamento entre o ego e a *anima*, entre a razão consciente e a natureza inconsciente, nas quais deveria haver amor, companheirismo e compreensão. A falta de compreensão desse relacionamento interior é sempre refletida externamente no homem dividido, onde ele é homem e ela é mulher "e nunca o par deve se encontrar". Eles têm amigos separados, interesses separados, quartos separados e almas separadas. Isso não é casamento. É uma sociedade comercial para a fabricação de filhos.

A Mulher Insatisfeita

O problema para a mulher moderna é um tanto diferente. Há um poderoso elemento masculino nela e o perigo não é que ela possa reprimi-lo, mas que ela possa ser possuída por ele. Pois o resultado da falta de relacionamento corrente entre os sexos não é, como se poderia esperar, que os homens se tornem cada vez mais masculinos e as mulheres cada vez mais femininas. Ambos tendem

---

13. *Le Kama Sutra de Vatsyayana,* tradução de Isidore Liseux (Paris, 1885). Uma versão inglesa é *The Kama Sutra of Vatsyayana,* Hindu Kama Sastra Society (Benares, 1883).

a se tornarem neutros, mas de modo diferente. Quando os homens não fazem uso verdadeiro da feminilidade, as mulheres se esquecem das artes deles. Elas cultivam a companhia uma da outra para a virtual exclusão dos homens e isso só pode ser feito seguramente por aquelas que conduzem as suas vidas junto dos homens e dos filhos. O resultado é a masculinidade entre mulheres, o feminismo (um equívoco grosseiro de terminologia), uma tendência ao intelectualismo, à competição com os homens nos negócios e aquele impassível jogo de bridge, aquela mentalidade de coquetel, que não passa do golfe, do uísque e dos cigarros de saias. Assim, em ambos os sexos verifica-se uma inclinação rumo a uma falsa masculinidade, em grande parte devida à ausência de sentimento entre os próprios homens. Tal ausência de sentimentos é simplesmente a falta de reconhecimento de nossos próprios deuses e demônios. Quando a razão consciente predomina sobre todos os valores, torna-se estritamente "prática" e intelectual, enquanto que o sentimento é degradado à mera sensação.

Não seria tão mau, contudo, se esse culto do pragmatismo e do intelecto fosse o que ele aspira ser. Mas, quando as mulheres tentam ser pragmáticas nesse novo sentido, elas perdem a razão inata que, no passado, sempre manteve os homens com os pés no chão firme, fazendo com que compreendessem as suas responsabilidades para com o lar e os filhos.

Na verdade, nós nos referimos ao inconsciente como o irracional, mas ele é assim chamado por ser desequilibrado. O equívoco não reside na razão em si, mas na consciência, idéia intelectual daquilo que ela devia ser, isto é, operação matemática que exclui o sentimento e as exigências do ser físico. A mulher verdadeira entende dessas coisas.

Caso contrário, os filhos nunca seriam alimentados (muito menos o marido) e o lar nunca seria habitável — o que pode ser provado visitando-se as casas daquelas esposas práticas que participam de negócios, socialismo, ideais culturais e outras atividades idealistas, teóricas e obscuras. Curiosamente tal comportamento nunca alcança os resultados desejados, não sendo raro que as mulheres verdadeiras falem com mais sagacidade sobre literatura, música, artes, política, religião e todos os assuntos culturais do que suas irmãs negligenciadoras do lar, que saem a campo a fim de adquirir todas essas coisas. Elas se acham tão ocupadas tentando ser espertas, que simplesmente não dispõem de tempo para o serem.

O Princípio Feminino

É quase como se a nossa civilização estivesse sofrendo um eclipse do princípio feminino, e não é por mero acaso que isso coincide com o ponto extremo da autoconsciência. Tradicionalmente, o lado negro da vida, o desconhecido, o misterioso, sempre foi feminino. Seu maior símbolo é a água, o sítio misterioso de onde a vida provêm, sendo que, devido à sua passividade e profundidade, a água sempre foi considerada feminina. Portanto, as palavras de Lao Tzu têm significado especial para nós:[14]

> Ele, que conhece o masculino e ainda mantém o feminino,
> Virá a ser um canal que puxa o mundo inteiro em sua direção.

E novamente:

> O homem, quando vive, é delicado e terno; quando morto, é duro e rijo. Todos os animais e plantas, quandos vivos, são ternos e frágeis. Quando mortos, ficam murchos e secos. Portanto, diz-se: o duro e o rijo são partes da morte; o delicado e o terno são partes da vida. Essa é a razão por que, quando os soldados são muitos duros não podem suportar o dia. A árvore, quando muito rija, quebrar-se-á. A posição do forte e do grande é baixa; a do fraco e do terno é elevada.

Em outras palavras, a aceitação, como uma técnica feminina, torna a despertar a nossa "metade melhor" perdida, e nos torna completos, pois a aceitação é a condição da árvore que é fraca e tenra como o salgueiro. Sob o peso da neve, seus galhos curvam-se para baixo, fazendo com que caia. Mas sobre os galhos do pinheiro nodoso e rijo, a neve acumula-se cada vez mais, até que eles se quebram. Isso é chamado parar de conquistar.

> O melhor soldado não é o que tem modos de soldado.
> O melhor lutador não é feroz.
> O melhor conquistador não toma parte na guerra.
> O melhor patrão mantém-se abaixo dos homens.

---

14. Os seguintes excertos do *Tao te Ching* são de tradução de Ch'u Ta-kao (Londres, 1937). Esta mesma tradução aparece completa em Ballou, *Bible of The World* (Nova Iorque, 1939).

> A isto se chama virtude de não disputar.
> A isto se chama habilidade de usar os homens.
> A isto se chama supremacia da associação com o céu.

Toda mulher verdadeira conhece a virtude de não disputar, através da qual ela abre o seu próprio caminho, pois

> A maior virtude é como a água. Esta é benéfica para todas as coisas, mas não entra em contenda. Ela permanece em lugares que outros desprezam. Portanto, está perto do Tao.

Cortando-a, não se lhe inflige nenhum ferimento, porque ela sempre se renova. Colhendo-a, não se pode retê-la, porque foge por entre os dedos. Só se pode retê-la fazendo-se uma concha com as mãos. Assim sendo, a água é um símbolo da vida, uma taça de aceitação e uma espada de agressividade. E é também um símbolo feminino, e sobre isso Lao Tzu diz:

> A argila é moldada em vasos
>
> E podemos usá-los como vasilhas, por causa do espaço onde nada existe.
>
> As portas e as janelas rasgadas nas paredes de uma casa,
>
> E nós podemos usá-las, porque são espaços vazios.

Pois a aceitação é o vazio, no sentido budista de *sunyata,* que às vezes é comparado ao cristal ou ao espelho: "O homem perfeito", diz Chuang Tzu, "usa o seu espírito como um espelho. Ele não detém nada; não repele nada. Recebe, mas não conserva". Assim, da mesma forma, um cristal capta tudo o que estiver ao seu redor. Quando nós o posicionamos diante de uma rua movimentada, ele capta a rua em movimento; quando o posicionamos em face do céu limpo, parece que nada capta, mas isso é apenas porque ele está refletindo o vazio do céu. Qual é a sua verdadeira natureza? Ele não é nem cheio nem vazio. Está além de todos os opostos e assim é um símbolo da liberdade espiritual. Isso me traz à lembrança o diálogo entre o sábio budista Tozan e um de seus discípulos.

Disse o discípulo: "O frio e o calor vêm e vão alternadamente, como se pode fugir deles?". Tozan respondeu: "Por que não ir para onde não haja frio nem calor?". "Onde", insistia o discípulo, "fica um lugar como esse, em que não faz nem frio nem calor?"

"Quando o inverno chega, todos sentimos frio; quando chega o verão todos sentimos calor".[15]

5 — *O Círculo Vicioso*

Um aspecto curioso da procura da liberdade é o aparecimento de um obstáculo, precisamente quando pensamos estar chegando a algum lugar.

O obstáculo aparece simplesmente pela razão de que supomos estar chegando a algum lugar, pois o ponto essencial da espiritualidade, o ponto tão difícil de alcançar é que não se trata absolutamente de partir. Não se pode obter a liberdade do espírito escalando-a. Ela não pode ser alcançada através de qualquer tipo de escada, pois de outro modo seria possível descrever uma técnica específica pela qual a sabedoria e o esclarecimento poderiam ser obtidos e o problema todo seria aparentemente tão simples como comprar uma passagem e tomar um trem. Mas os degraus e as etapas não estão vestidos de preto e branco e não há normas e regras fixas cuja simples observação conduziria ao resultado desejado. É muito mais do que aprender a amar alguém. Não se pode consultar um livro de regras e descobrir como amar, apesar de terem sido escritos muitos livros dessa natureza.

No entanto, a prática de qualquer tipo de técnica *conduz* a algum lugar efetivamente, e isso vale igualmente para a técnica da aceitação. Se isso é verdade, poder-se-ia perguntar por que alguém enfrenta dificuldades para falar dela; se até mesmo a técnica da aceitação não é capaz de conduzir até ao objetivo desejado, por que apresentá-la? Porque, de acordo com o provérbio, o caminho mais longo é o caminho mais curto para casa. Parece ser necessário que tentemos descobrir o segredo, indo a alguma parte, a fim de aprender que isso nunca pode ser feito. O caminho acaba sempre em rodeio, atrás do lugar de onde partimos. É a parábola do Filho Pródigo mais uma vez e o Budismo a descreve como a jornada de um demente por toda parte em busca de sua cabeça, a qual ele nunca perdeu.

Não há dúvida nenhuma de que, de um certo ponto de vista, a técnica da aceitação realmente funciona, mas ela é sempre par-

15. V. o ensaio de Suzuki, "Ignorance and World Fellowship" em *Faiths and Fellowship*, edição D. A. Millard (Londres, 1936), p. 40.

cial. É admirável para solucionar problemas imediatos, em casos de dor, depressão e tristeza, mas há sempre algo que ela deixa sem solução, pois sempre persiste um sutil, indefinível e enganoso descontentamento interior.

A Ânsia por Deus

Isso exprime verdadeiramente um "descontentamento divino", pois eu creio que ele é o que os místicos descrevem como sendo o desejo da alma por Deus.

Como diz Santo Agostinho: "Vós nos criastes para Vós mesmo, portanto não podemos repousar senão em Vós".

Por meio de uma centena de técnicas, podemos regular os detalhes de nossas vidas e nos tornarmos felizes no sentido superficial de não haver nenhuma razão específica para sermos infelizes. Mas as técnicas podem somente tratar de detalhes em partes separadas. Algo diferente é exigido para transformar a nossa atitude com relação à vida como um todo, e transformar o todo de nossa vida. Sem essa transformação, a verdadeira infelicidade permanece, expressando-se sob todas as formas de disfarces, descobrindo inúmeros substitutos ineficazes para Deus porque são sempre coisas parciais. Elas são, por assim dizer, as partes de Deus, mas não o todo dEle. A técnica pode encontrar essas partes. Pode encontrar a aceitação, o bem-estar, o prazer, a experiência, o conhecimento e todos os deuses e demônios menores do reino desconhecido da alma. Mas, mesmo quando todas essas diversas partes são reunidas, há ainda alguma coisa que nenhum artifício técnico ou truque pode descobrir, sendo essa totalidade maior do que a soma de suas partes.

Aqueles que têm seguido técnicas parciais sabem que, em uma vida a respeito da qual não há motivo especial para ser infeliz, verifica-se uma espécie de esterilidade. Ela é como uma roda sem centro, ou uma lâmpada perfeita sem luz. Nada há que alimente algum fogo criativo. Tudo corre perfeitamente como deveria correr podendo mesmo suceder que a rotina do dia a dia seja triste sem, contudo, ser insuportável. Certamente, há dificuldades, mas nenhuma delas intransponível. Mesmo com relação ao próprio caráter do indivíduo, isso não significa nada demais. Não há sérias dificuldades neuróticas e nem fracassos morais.

Pois a maior parte da vida é completamente agradável, e se a morte vier ao fim dela, isso é um assunto natural para o qual a natureza nos preparará. Quando chegar a hora da morte, estaremos cansados e prontos para partir. Essa não é uma vida feliz, mesmo que ela possa estar satisfeita; é simples vegetação. Não há aquela resposta alegre do indivíduo para o universo, que é a essência da espiritualidade, que se expressa por meio da crença e adoração religiosas. Eu suponho que deve ter havido épocas na vida de cada um que houve uma tal resposta, mesmo que por um curto espaço de tempo. Naqueles momentos, todos nós gostávamos de ficar a sós, pois temíamos que os outros nos vissem entregues a atitudes infantis. Depois de tudo, somos adultos dignificados e não seria conveniente ao sr. Cornelius Pomp, presidente da "Grande Companhia de Estradas de Ferro Internacional", ser visto dançando como um selvagem em torno do cume de uma colina, no meio da noite, por sentir uma alegria absoluta à vista das estrelas. Mas eu não tenho dúvida de que houve ocasiões em que o sr. Pomp, nos recessos mais secretos do seu ser, sentiu como se estivesse fazendo isso, mas não podia relaxar.

É um sintoma do nosso fleugmatismo e entorpecimento espirituais o fato de que a dança já não faz parte de nosso ritual e que nós oramos em igrejas que, geralmente, parecem currais onde as pessoas se sentam em filas e oram inclinando-se para frente, murmurando em seus bancos. Às vezes, as pessoas tentam livrar-se dessa inflexibilidade, vestindo bermudas e saindo correndo para os bosques, para as festas da comunidade e para o cultivo da resposta à natureza. Há outras pessoas que tentam fazer suas preces sinceras ajoelhadas e lamuriando. Esse é um outro caso de tentar fazer o rabo abanar o cachorro. O que importa antes de tudo é sentir alegria. A resposta resulta de seu próprio pacto, mas não se pode ficar alegre imitando servilmente a resposta. De fato, primeiro temos que sentir como São Francisco sentiu ao escrever o seu *Cântico ao Sol,* talvez a mais rica expressão da alegria da liberdade espiritual jamais escrita:

> Louvo ao meu Senhor por todas as Suas criaturas, pelo nosso irmão, o Sol, que nos traz o dia e a luz e nos revela, o Senhor, a Vossa presença.
>
> Louvo ao meu Senhor pela nossa irmã, a Lua, e pelas Estrelas suspensas nos Céus, cheias de esplendor e encanto.

Louvo ao meu Senhor pelo nosso irmão, o Vento, e pelo Ar e Nuvens, pela Calma e por todos os Climas com os quais, ó Senhor, alimentais a vida de todos os seres.

Louvo ao meu Senhor pela nossa irmã, a Água, útil e graciosa, preciosa e cristalina.

Louvo ao meu Senhor pelo nosso irmão, o Fogo, poderoso e forte, com o qual, ó Senhor, criastes, para nós, a luz e as trevas.

Louvo ao meu Senhor pela nossa mãe, a Terra, que nos abriga, nos ensina e gera, em profusão de cores, tanto os frutos como as flores.

Louvo ao meu Senhor pela irmã, a Morte, da qual ninguém pode se livrar. Benditos sejam aqueles que se encontram em Vossa suprema vontade divina, porque a Morte não os atingirá.

Oh, criaturas, louvai e abençoai o meu Senhor, Sede gratos e servi a Ele com grande humildade.

O Êxtase da Criação

Este hino de felicidade é mais do que um hino da aceitação, pois ele inclui não só o sol e a luz, o fogo e a água, a vida e a morte, mas também Deus, e aqueles que descobrem Deus são felizes porque participam do êxtase da criação. Eles também sabem a resposta àquela eterna pergunta da filosofia: "Por que existe o universo?". Eles sabem que ele existe por uma razão quase infantil — por brincadeira, ou o que os hindus chamavam *lila* (que quase corresponde ao nosso termo "frivolidade").[1] Chesterton observa que, quando uma criança nos vê fazendo alguma coisa maravilhosa, pede para que a façamos cada vez mais. Assim, diz ele também que Deus criou a terra e disse-lhe que se movesse em torno do sol. Quando ela tinha dado uma volta, Ele ficou satisfeito e disse: "Faça isso outra vez". Desde então, ele vem dizendo isso. Para alguns, isso pode parecer sentimental, para outros, irreverente, e para outros ainda, absurdo, pois como dizer que toda a crueldade, a destruição e a angústia da vida não passa de brinquedo?

E, se é um brinquedo, Deus não seria a criança insensível que pica uma borboleta em pedacinhos para contemplar seu desespero?

---

1. Cf. Goethe, em seu *Fragment of Natures*, "Ela é a própria frivolidade, mas não para nós, que fomos feitos para vê-la como da maior importância.

Mas por qualquer outra razão, poder-se-ia dizer que, quando os princípios da terra foram estabelecidos, "as estrelas da manhã cantaram juntas e todos os filhos de Deus gritaram de alegria?" [2]

Mas aqueles que fazem essas perguntas sobre a crueldade do brinquedo divino estão esperando por ele, que responde inventando pretextos para Deus, "para justificar os caminhos de Deus ao homem", e, como Lao Tzu disse com tato e concisão: "Aqueles que se justificam não convencem".

Devemos indagar e ficar na expectativa de se o universo está de acordo com nossos padrões de bom comportamento e duvidar da existência de Deus em todas as coisas, porque Ele não observa os padrões comuns de moralidade humanitária da classe média? Nós nos lembramos de Deus como um cavalheiro gentil, bondoso e velho, ou ainda como um espírito infinitamente poderoso de amor puro, mas essencialmente nebuloso, através do qual queremos dizer pura paixão. Mas, como Edwin Arnold escreveu:

> "Ele mata e salva e nunca se move exceto em direção da perfeição. Seus princípios são o Amor e a Vida; a Morte e a Dor, o transitar de seu vulto".

As dissertações sobre o assim chamado "Problema do Mal", que tanto tem preocupado os teólogos cristãos, não são nada mais do que uma tentativa de apresentar desculpas para a Divindade, e tais tentativas indicam invariavelmente falta de fé. E a fé em Deus, na vida, e na natureza é um assunto importante. Essa fé é a verdadeira chave para a liberdade do espírito.

A Fé do Abandono

Fé não é crença cega e, certamente, não é simples consentimento intelectual à proposição de que Deus existe. Nem o estar crente de que a vida correrá "às mil maravilhas", a despeito de suas atribulações. Fé não é esperança. De um ponto de vista, ela é a coisa mais ilógica do mundo; é confiante na vida, por causa de suas atribulações; ela é a sensação de amor e maravilha diante do mistério de Deus; que tanto é Criador como Destruidor, amor e terror, vida e morte, anjo e demônio, sábio e tolo, homem e

---

2. Jó 38:7.

verme. Há aqueles que perguntam por que se espera deles que tenham fé tão incondicional em um universo que tira com uma mão o que dá com a outra, e a resposta sugere uma estória sobre Thomas Carlyle.

Uma mulher lhe escreveu uma longa dissertação, que terminava com as seguintes palavras: "Resumindo, eu aceito o universo". "Meu Deus", disse Carlyle. "Ela progrediu!" — Porque a verdade é simplesmente que, sem a fé, nós estamos eternamente batendo a cabeça contra uma inabalável muralha. Nenhuma autodecepção, artifício da razão ou da ciência, nenhuma magia, soma de autoconfiança pode tornar-nos independentes do universo e capacitar-nos a escapar da sua inclinação destrutiva. A dor é um fato e não há teologia que possa justificá-la com promessas e desculpas para sua existência em um universo cujo Deus supõe-se que seja o "amor". Ao mesmo tempo, nenhuma quantidade de aceitação pode eliminar o nosso horror fundamental à dor, em suas formas mais extremadas.

Mas, mesmo assim, a fé nunca pode ser verdadeira se for fraca, se pensarmos que é simplesmente uma questão de "melhor habilidade", de melhores meios, para tornar uma situação intolerável um pouco mais suportável.

Deus, a vida e o universo conservam os seus dois aspectos, apesar de tudo o que possamos pensar sobre eles, e continuam seu jogo com todo o amor e toda a crueldade. Fé significa que nós nos damos a ele absoluta e inteiramente, sem impor condições de qualquer tipo, significa que nos abandonamos a nós mesmos, sem pedir nada em troca, exceto que nosso abandono a Ele possa fazer-nos sentir mais sutilmente a frivolidade do seu jogo. Esse abandono é a liberdade do espírito.[3]

Essa é a única promessa que pode ser feita por fé, mas que promessa! Ela quer dizer que nós participamos do êxtase de Sua criação —, de Sua destruição, experimentamos o mistério e a liberdade de sua força em todos os aspectos da vida, tanto no auge do prazer como na profundeza da dor. Pode parecer ilógico, mas aqueles que já participaram desse mistério têm uma gratidão que

---

3. A liberdade através do abandono é a participação do homem na natureza de Deus. Cf. Berdyaev: "O mundo é o símbolo daquilo que transpira dentro da esfera espiritual, o reflexo da liberalidade de Deus realizada no espírito". *Freedom and the Spirit,* p. 33.

não conhece fronteiras e são capazes de dizer outra vez que Deus é Amor, mesmo que isso seja dito com um sentido completamente novo.

O Homem e os Meios

Mas não podemos conseguir uma técnica do abandono, pois imediatamente surgiria um obstáculo. É o mesmo obstáculo que existe entre a aceitação parcial e a total podendo ser descrito de diferentes maneiras. Fundamentalmente, trata-se do velho problema de se levantar pelo próprio cinturão, sendo talvez mais corretamente resumido pelo ditado chinês: "quando o homem errado usa os meios corretos, estes funcionam de modo errado". Por "meios corretos", entende-se qualquer aspecto da técnica — aceitação, abandono e o que se desejar. Geralmente, o "homem errado" somos nós mesmos. Somos "errados" no sentido de que somos infelizes, de que estamos sem fé e não temos liberdade de espírito.

O problema, portanto, é como o homem errado pode tornar-se o homem certo, quando todos os meios disponíveis para isso forem condicionados a funcionar no sentido errado. Em outras palavras, um homem deseja se transformar. No entanto, um homem é o que é e seus desejos estão de acordo com sua natureza. Se ele for um "mau" homem, seus desejos serão maus, mesmo que entre eles esteja o referido desejo de se transformar em um homem melhor.

Descobrimos isso perguntando por que ele quer tornar-se melhor. O motivo básico para o aperfeiçoamento é prejudicado, porque o homem que o acolhe é mau. Ele quer aperfeiçoar-se por interesse próprio, porque, em seu orgulho, deseja escapar à censura de ser mau. Se isso lhe for mostrado, então ele indagar-se-á se não deveria ter simplesmente aceitado sua maldade. E se nós perguntamos outra vez a ele por que quer aceitar a sua maldade, descobriremos que ele deseja aceitá-la a fim de fugir dela. Ele é apanhado, seja qual for o caminho que tomar, porque os meios que adota, o seu comportamento, idéias, e religião são sempre as que ele possui e sempre os usará de acordo com sua capacidade e a sua natureza. Elas são como as muitas variedades de roupa. Ele pode usar andrajos, toga, roupa de lã ou peles. Pode caminhar, correr, pular ou andar depressa. Pode cochilar, gritar, cantar ou conversar — mas ele próprio permanece o mesmo, visto ser ele a causa e não o resultado de suas ações.

Vamos colocar isso de outro modo. Supondo que nós decidamos aceitar o lado negro da vida, o inconsciente e o conflito entre o inconsciente e o ego, há ainda uma coisa que não aceitamos por esses meios — nosso desejo de fugir dele. Até que esse desejo seja aceito, nossa aceitação é sempre uma tentativa indireta de fuga. Aqui encontramos novamente o problema de São Miguel e o Dragão. A moralidade cristã ensinou-nos a superar o lado negro da vida lutando contra ele. Pela psicologia, nós o teríamos superado pela aceitação, mas de fato estes são dois meios de superá-lo, o que quer dizer "livrar-se dele" e "fugir dele". Assim, o processo da aceitação, tão diferente do processo de combate, está apto a produzir um novo Dragão por causa de S. Miguel.

A Regressão Infinita

Há também o problema da relação entre a natureza e o ego. Se nós aceitamos o universo e nos subordinamos a ele, se, ao invés de tentar viver a vida, nós deixamos a vida nos viver, aceitamos um aspecto da vida tão — só para negar outro — o ego agressivo, autoafirmativo, através do qual a própria vida tem-se manifestado. A aceitação é, na verdade, a maneira feminina, mas ela não pode ser levada a efeito às custas do masculino. Portanto, parece que precisamos, por assim dizer, do mais elevado tipo de aceitação, que inclui tanto a aceitação como a fuga, a fé e a descrença, o auto-abandono e o egoísmo, a resignação e a agressividade, o Dragão e São Miguel.

Mas, mesmo que isso não resolva absolutamente o problema — na verdade, ele está sempre longe de uma solução — porque assim estaríamos partindo para uma regressão infinita. Nós estamos nos envolvendo desesperadamente em um círculo vicioso, pois, logo que estabelecermos a noção de uma aceitação que absorva tanto a aceitação como a fuga, temos dois pares de opostos ao invés de um. Começamos com a oposição entre aceitação e fuga; mas, então, obtemos aceitação versus aceitação versus fuga — uma monstruosidade psicológica que pode continuar indefinidamente.

À primeira vista, o problema do círculo vicioso pode parecer simplesmente matemático e distante da experiência. Mas, de fato, ele é apenas um meio um tanto complicado para expressar o enigma de que aqueles que procuram a felicidade não a encontram. É novamente o problema do asno que tem a cenoura suspensa diante de seu focinho por uma vara amarrada à sua coleira. Se ele tentar persegui-la, usando a técnica agressiva, não conseguirá pegá-la. Se continuar a usar a técnica passiva, também não a apanhará. O que fazer então?

Ao que parece, a pobre criatura está completamente desamparada. Naturalmente, dir-se-á que qualquer tentativa de responder a tais questões é uma estrada fácil para a loucura. Isso é bem verdade e, pelas mesmas razões, descobrir-se-á que qualquer tentativa para encontrar a felicidade também é um caminho fácil para a loucura, sendo o mundo, hoje, um verdadeiro hospício, exatamente porque as pessoas estão tentando transformá-lo nisso. Somos uma multidão de pessoas andando selvagemente em círculos, perseguindo freneticamente os nossos próprios eus, quadro que não é particularmente edificante. Sim, se pudéssemos ver a nós mesmos de um ponto de vista psicológico, pensaríamos que caminhamos rumo ao caos.

Veremos homens fugindo de suas sombras, homens tentando pular do chão para tirar o cordão do sapato, tentando ver os próprios olhos e beijar os seus próprios lábios. É como tentar remendar um buraco em um lenço, tirando um pedaço de um outro. Pois a dificuldade é que todos os nossos esquemas, sistemas e artifícios são parciais. É como se nós mesmos fôssemos o buraco no lenço. Vemos alguma outra parte do lenço e pensamos como seria agradável preencher nosso vazio adquirindo-o. Assim, nós o cortamos e nos preenchemos somente para decobrir que agora somos o novo buraco — o lugar inseguro e invisível no universo.[4]

A Prisão da Dualidade

O que nós chamamos Deus só pode vir a ser conhecido através da aceitação total, porque a liberdade, por sua verdadeira natureza, não pode ser limitada. Portanto, podemos dizer que quando nos consideramos livre para aceitar, mas não para fazer, isso não é a liberdade. Mas o espírito humano é tão arquitetado que não pode imaginar uma aceitação total. Nosso intelecto não consegue pensar senão através de dualidade — isso e não aquilo, aquilo e não isso. É uma gangorra. Uma extremidade deve subir e a outra descer. Ambas não

4. Há um fascinante estudo desta regressão infinita como um problema psicológico da autoridade em Graham Howe, *War Dance, A Study of the Psychology of War* (Londres, 1937).

podem subir e descer ao mesmo tempo. Portanto, a liberdade do espírito exige a interferência de algum fator suplementar além do intelecto humano. Porque o intelecto não só é incapaz de conceber a sua totalidade, mas também é incapaz de apreciar o seu valor, argumentando que, ao "abolir" o dualismo, destruiremos todos os valores, sancionando a libertinagem a mais selvagem, não exigindo, na verdade, do ser espiritual mais do que aquilo que ele bem entenda fazer. (De algum modo, nós nos lembramos dos preceitos de Santo Agostinho: "Ame e faça como você deseja".) A mesma objeção é levantada para a idéia oriental de Deus como o Eu do universo, a Única Realidade e o verdadeiro eu de todas as criaturas, formas, atividades, pensamentos e substâncias. Argumenta-se que, se tudo é Deus, então Deus é nada — baseado no princípio do pensamento de W. S. Gilbert: "Quando todo mundo é alguém, então ninguém é alguém".

As filosofias orientais do Vedanta, do Taoísmo e do Budismo Mahayana, contudo, não implicam essa redução ao absurdo, pois dizer que todas as coisas são Deus não é absolutamente o mesmo que dizer que tudo é uma só coisa. De fato, nem por sombra se trata da mesma coisa. Do seu ponto de vista, Deus não é *uma coisa,* aquelas religiões não anulam as diferenças, reduzindo puramente as figuras e as formas a uma amorfia simples e infinita. Pois Deus não é o Uno tão diverso do Múltiplo, nem unidade tão diferente da diversidade.[5]

Nós não compreenderemos a concepção oriental de Deus até que possamos conceber "Uno" que possa incluir tanto a unidade como a diversidade, que possa, ao mesmo tempo, ser Deus e uma mancha de sujeira um ser humano com igual realidade. Nesse sentido, poder-se-ia dizer que a unidade das coisas é revelada em sua multiplicidade e diversidade. Tais paradoxos são inevitáveis quando tentamos compreender a não-dualidade de um ponto de vista intelectual. Isso é verdade não apenas quanto ao intelecto, pois o caminho da aceitação, que já descrevemos, requer muito mais do que o simples pensamento. Apesar disso, está sujeito, do mesmo modo, a ser envolvido nessa prisão da dualidade.

---

5. Cf. Suzuki, *Faith and Fellowship,* p. 41. Aqui ele descreve *sunyata* ou a in-existência (uma descrição budista do Absoluto) como *byodo* (unidade) na *shabetsu* (diversidade). Ele diz: "O discreto, embora contínuo, estado de existência é descrito pelos filósofos budistas como *'Byodo in Shabetsu e Shabetsu in Byodo'.*"

Os problemas de dualidade encontram-se claramente arraigados na fé cristã, mas freqüentemente passam despercebidos sob os símbolos nos quais estão contidos. A história do Pecado Original, de comer o fruto da árvore do Bem e do Mal, descreve o envolvimento do homem com o círculo vicioso — uma situação na qual por sua própria força, ele não é capaz de fazer qualquer bem que não esteja contaminado pelo mal. Nessas condições, pode-se dizer que "todas as boas ações são feitas por amor ao lucro", isto é, por razões puramente de interesse pessoal uma vez que "a honestidade é a melhor política". Cada progresso alcançado em termos morais é contrabalançado pelo crescimento do mal reprimido no inconsciente, porque a moralidade tem que ser imposta pela lei e, seja onde for, há compulsão, há repressão dos impulsos instintivos. Na verdade, a genuína formulação do ideal de retidão sugere e agrava seus postos. Assim, São Paulo — diz: "Eu não tinha conhecido a cobiça, exceto o que a lei dissera: 'Não cobiçarás' ". Assim, Lao Tzu também observou no Tao Te Ching:

> "Quando o grande Tao está perdido, a benevolência e a probidade saltam para fora.
>
> Quando a sabedoria e a sagacidade surgem, há grandes hipócritas.
>
> Quando as relações familiares já não são harmoniosas, temos filhos filiais e pais devotados.
>
> Quando a nação está em tumulto e desordem, os patriotas são reconhecidos.
>
> Onde Tao está, está o equilíbrio. Quando Tao está perdido, surgem todas as diferenças das coisas".
>
> Trad.: Ch'u Ta-kao

Não é surpresa, portanto, que a doutrina cristã siga São Paulo ao dizer que a salvação para os homens arruinados é inalcansável somente pela lei, quer dizer, pela técnica. Por isso, não se trata apenas de uma questão de moralidade. Quanto mais o homem tenta salvar-se pela simples observação da lei moral, espiritual ou psicológica mais ele fica enredado no círculo vicioso da dualidade.

A Aceitação da Graça

A força que engendra o círculo vicioso é o orgulho. Em termos cristãos, devemos dizer que o homem não está preparado para ser salvo como ele é.

Ele sente que é necessário fazer algo para ganhar a salvação pela sua própria espiritualidade e retidão. A graça de Deus é oferecida total e generosamente, mas por causa do orgulho ele não a aceitaria. Não pode admitir a idéia de que é absolutamente fraco para recuperar-se e de que a única oportunidade de salvação é simplesmente aceitar algo que é oferecido tão generosamente ao santo como ao pecador.

Se nada pode ser feito para alcançar essa graça, isso parece anular todos os ideais que o homem impõe a si mesmo. Ele tem que se confessar impotente e isso é mais do que pode suportar. Assim, a dádiva da graça é tacitamente ignorada e o homem continua tentando fabricá-la por si mesmo.[6]

Quando se diz que o homem não se deixará salvar como ele é, isso é um outro meio de dizer que ele não se aceitará como é. Odeia sutilmente esse simples ato, estabelecendo uma técnica da aceitação, auxiliando-a como algo que ele deveria fazer a fim de ser um "bom menino".

Tão logo a aceitação seja considerada uma questão de ação e técnica, temos o círculo vicioso. A verdadeira aceitação não é alguma coisa a ser alcançada. Não é um ideal conseguido depois — um estado de espírito que pode ser possuído e adquirido, que podemos acrescentar a nós mesmos, a fim de aumentar nossa estatura espiritual. Se um outro paradoxo puder ser perdoado, a verdadeira aceitação é aceitarmo-nos como somos agora, neste momento, antes mesmo que tenhamos começado a tornarmo-nos diferentes pela aceitação de nós mesmos.[7] Em outras palavras, tão logo tentamos tornar o estado de espírito ideal, chamado "aceitação", em algo diferente do estado de espírito em que nos encontramos neste momento, pois é o orgulho que torna tão difícil aceitar o que somos agora, a barreira entre o homem e aquilo que chamamos Deus ou Tao.

Mas, quando se sugere que devemos encontrar a união com Deus aqui e agora, neste exato momento, todo o mundo é afrontado e começa a pedir desculpas. "Depois de tudo, como podemos atingir uma tão sublime compreensão neste momento? Estamos despreparados. Não somos suficientemente bons. Primeiro, teremos que fazer todos os tipos de coisas. Devemos meditar e nos exercitarmos na

---

6. Cf. James, *Varieties of Religious Experiences.* (Nova Iorque e Londres, 1929), p. 205-16.

7. Cf. Plotinus: "aquilo que a mente, quando retrocede, pensa antes de pensar em si mesma".

disciplina religiosa, e, então, talvez, depois de muitos anos, estejamos preparados e sejamos dignos para alcançar o maior de todos aqueles objetivos". Mas isso, certamente, é uma peculiar forma de cegueira e falso orgulho, disfarçada em humildade. Vemos Deus sempre que abrimos os olhos. Nós O inalamos cada vez que aspiramos o ar. Fazemos uso de Sua força em cada movimento dos dedos. Pensamos nEle em cada pensamento, ainda que não possamos lembrar dEle, O provamos em todo bocado de alimento. Essa é uma velha história para aqueles que estudam a sabedoria do Oriente, mas a busca ainda continua, a busca de algo que nunca perdemos, algo que nos encara de frente, uma busca que o Budismo às vezes descreve como "esconder o saque no bolso e se declarar inocente".

É difícil simplesmente por ser demasiado fácil, pois o homem acha muito difícil descer de seu alto cavalo e reconhecer aquilo que se acha em liberdade irrestrita. Pequeno milagre, então, que sejamos aconselhados a nos tornar novamente crianças, que têm um modo inconveniente de chamar a atenção para coisas óbvias que o espírito adulto não pode, ou não quer ver. Pois a compreensão espiritual não é uma recompensa que nos é dada por sermos pessoas admiráveis. Não se pode adquiri-la, tanto quanto não se pode adquirir o vento e as estrelas. Podemos, no entanto, abrir os olhos e divisá-la.

O Habitante do Princípio

Mas nessa verdadeira aceitação de si mesmo há um mistério, pois, como dizem os pitagóricos, "Conhece-te a ti mesmo e conhecerás o universo e os deuses". O mistério consiste em que algo aparentemente tão simples e humilde, assim como nós somos neste momento, possa conter tesouro tão valioso. Mas essa é a particularidade da graça divina. Ela é sempre encontrada onde menos se espera, pois, nas palavras de Lao Tzu, Tao, "como a água, procura o nível baixo, que o homem detesta". E, assim, acontece que precisamente aquilo que nos esforçamos eternamente para afastar, superar, mudar, e escapar, é exatamente o que oculta o cobiçado segredo. Eis porque há um círculo vicioso, eis porque a nossa busca de felicidade é essa errância desvairada, busca ignorada daquilo que estamos tentando abandonar. Estamos sempre fugindo de nós mesmos e tentando agarrar a nossa própria sombra, e isso faz com que, para nós, a felicidade esteja sempre em alguma parte no futuro, talvez ali mesmo na esquina, sempre mais longe, porém. Nós e a nossa situação, como se encontram neste momento, contêm todo o segredo, mas, quando tentamos aceitar isso de um modo técnico, estamos ainda dando continuidade à perseguição em círculo. Estamos tentando acrescentar a elas a virtude da aceitação, para que não precisemos encará-las como são, sem aceitá-la e sem todas as nossas falhas, nossos conflitos, nosso desejo de fuga, nossa impotência e nossos pecados. Nós percebemos de relance a presença delas de tempos em tempos, em toda a sua nudez, e corremos delas, tão rapidamente quanto podemos, tentando melhorá-las, espiritualizá-las e através de milhares de outras maneiras ocultar tão terrível nudez. Naturalmente que nos iludimos e começamos a cultivar imagens fantásticas de nós mesmos, tal como somos.

Mas quando essas imagens são afastadas, encontramos novamente a derrisória e temerosa visão de nosso verdadeiro eu, parecendo impossível que o grande tesouro possa ter algo a ver com tão degradado estado de coisas.

De um certo ponto de vista, essa visão do nosso verdadeiro identifica-se com o temido Habitante do Princípio, o monstro que a todos inicia nos mistérios divinos e que tem que enfrentar o limiar de suas luzes.

Mas o Habitante do Princípio é a face de Deus vista de apenas uma das margens. Atravessamos os nossos limites, se pudermos chamá-Lo por Seu verdadeiro nome, ainda que seja necessário uma grande humildade para expressar isso. Porque aceitar a graça de Deus, no estado em que nos encontramos, sem qualquer "aperfeiçoamento" e sem que nos cubramos com as mais respeitáveis vestimentas, é imaginar que todas as nossas tão caras ambições pessoais e todos os nossos esforços para nos tornarmos grandes, são vãos.

Temos que descer ao nível dos vermes, ao pó, que não têm um mínimo da nossa inteligência, e ainda existem pela graça de Deus. A maioria das pessoas sabe disso desde a infância e, contudo, nunca é simples o bastante para reconhecê-lo, pois "quem pode, pensando, acrescentar 50 cm à sua estatura?".

Vamos considerar como crescem os lírios no campo. Eles não têm problemas e nem mesmo tecem. E posso dizer-lhes que mesmo Salomão, em toda a sua glória, não estava trajado como um lírio. Portanto, se Deus trajou assim a relva do campo, que existe hoje e amanhã é lançada ao forno, deveria vestir muito mais a vós, "homens de pouca fé"? [8]

---

8. Mateus 6:27-30.

Seria aconselhável a todos aqueles que, debatendo-se na prisão do dualismo, almejam a espiritualidade, a aceitação, a sabedoria e a felicidade, recordarem de quando em quando tais palavras: "Quem, através do pensamento, pode acrescentar 50 cm. à sua estatura?".

O Problema Religioso do Homem Moderno

Mas a familiaridade gera o desprezo. O homem moderno agora busca por todos os meios uma nova religião na psicologia do inconsciente e na sabedoria oriental, o que sempre existiu no ensinamento de Cristo e no simbolismo da Igreja. Mesmo que não possamos culpá-la, a religião cristã tem sido arrastada à lama demasiadamente. A maior parte de seus mestres têm, de há muito, esquecido o significado de seus símbolos, mesmo que eles já os conhecessem e os eventos na vida do espírito que eles descrevem foram colocados à distância segura da história antiga. Além disso, a sua Bíblia é uma coleção a tal ponto vasta de idéias conflitantes que os cristãos, aceitando tudo aquilo como a palavra de Deus, têm freqüentemente caído na insensatez de tentar incorporar a moralidade legalista dos judeus [9] à sua própria fé, com o fantástico resultado de que muitas formas de Protestantismo são muito mais judáicas do que cristãs.

Eles tentam interpretar o Sermão da Montanha com o mesmo espírito com que interpretam os Dez Mandamentos, enquanto que, se já tivessem lido São Paulo, teriam compreendido a total diferença entre ambos.

(Muito curiosamente, há vezes em que mesmo São Paulo parece incapaz de livrar-se de sua legalidade hereditária e entender as implicações totais de sua própria fé). Mas, na Cristandade, esse moralismo legalista tem sido levado a tais extremos de trevas santimoniais que, para milhares de pessoas, a verdadeira palavra "religião" significa pouco mais do que fazer exatamente o que não se gosta. Assim, têm as palavras "Deus" e "Cristo" freqüentemente sido pronunciadas com voz carregada ou com uma forma de intensa seriedade, que não deixa margem para o humor ou a beleza que

---

9. É importante distinguir entre as tradições judaica e hebraica. Depois do cativeiro, o judaísmo perdeu muita vitalidade, dada a sua servidão à letra da lei, mas essa servidão não é encontrada nos maiores profetas, como por exemplo, o segundo Isaías. No tempo de Cristo, o Judaísmo atraíra completamente o clero de Jerusalém e os hebreus de tradições mais antigas eram desprezados.

são capazes de suscitar uma apatia no espírito ao invés de uma vibração.

Dificilmente haverá qualquer outra religião no mundo com essa atmosfera absolutamente deprimente, sendo que no próprio Cristianismo ela se acha confinada principalmente ao Protestantismo — aos descendentes espirituais de Calvino, Lutero, Knox e Wesley. Pouco se admira, portanto, que pessoas de espírito se voltem para as mais coloridas fés do Catolicismo (se desejam permanecer cristãs), para o Budismo, o Hinduísmo, a Teosofia ou, no caso de possuirem uma mentalidade mais científica, para um dos muitos sistemas psicológicos dos tempos modernos. Eu mesmo conheço pessoas que se dizem Pagãs, Adoradores do Sol e Politeístas.

Mas o Cristianismo é a nossa fé tradicional. Está em nosso sangue e em nossos ossos. Portanto, é possível e muito desejável que a sabedoria da Ásia e a psicologia do inconsciente tragam novamente à luz os seus tesouros e os interpretem de um modo que renovará completamente o nosso prazer por ele. Até que eu tivesse estudado por alguns anos as religiões do Oriente, o ensinamento de Cristo e os símbolos do Cristianismo não possuíam qualquer significado para mim. Não estou sugerindo, contudo, que o estudo das crenças orientais seja essencial para a compreensão do Cristianismo. De minha parte, eu acredito que a minha compreensão teria sido a mesma se eu tivesse lido em Eckhart, Augustine, Kempis, Berdyaev e outros do mesmo porte ao invés dos sábios da Índia ou da China. Mas há um interesse crescente pela sabedoria oriental entre nós, o qual seguirá o seu próprio curso e para o qual muitos se voltarão antes que tenham compreendido o Cristianismo como algo mais do que um conjunto de inibições e dogmas desgastados.

De todas as nossas religiões e modos de vida desenvolvidos pelo Ocidente, o Cristianismo é quase a única a compreender uma saída do círculo vicioso do dualismo, mas é difícil ver como essa saída pode conquistar milhares de pensantes masculinos e femininos, a menos que eles possam se aproximar do Cristianismo com conceções de Deus e da alma um tanto modificadas. Porque, como Jung freqüentemente aponta, a dificuldade para o homem moderno, com seus pressupostos racionalistas, é acreditar no Cristianismo como um sistema de teologia. Como ele escreveu em "O Homem Moderno em Busca de uma Alma":

> As pessoas já não se sentem redimidas pela morte de Cristo. Elas não podem acreditar — não podem ser compelidas a acreditar, por mais felizes que possam considerar o homem que tem uma crença. Para elas, o pecado tornou-se algo absoluta-

mente relativo: o que é ruim para um é bom para outro. Depois de tudo, por que Buda não teria razão também?

Na verdade, podemos dizer, com referência à atitude do homem moderno diante da religião como um todo que ele tem pouca paciência com doutrinas que vão além da prova objetiva, e que lhe parecem, talvez arbitrariamente, estar exagerando a sua credulidade. Se puder lhe ser mostrado que há uma aproximação psicológica com o Cristianismo, quase independente da doutrina como tal, na qual as doutrinas são tomadas como símbolos de experiências espirituais, isso talvez possa ser a base para uma atitude completamente nova diante da religião no mundo ocidental. Esse é o ponto de vista do qual devemos aproximar as doutrinas do Oriente — um ponto de vista que muitos habitantes do Leste adotaram, entre os quais devemos contar o próprio Buda. Ele valorizava apenas as experiências pessoais imediatas e, ao ser interrogado sobre os mistérios finais do universo, respondeu apenas com "silêncio — e um dedo apontando o caminho".

6 — *O Uno no Múltiplo*

Ainda que essa liberdade do espírito, conhecida através da aceitação total da vida e de si mesmo, nunca possa ser compreendida sob forma de palavras e idéias, ela é mais claramente expressa na antiga sabedoria da Ásia, No Vedanta Hindu, no Budismo Mahayana e no Taoísmo, encontramos uma visão da vida que chega quase a se confundir com a descrição daquela experiência interior que revela, como escreveu o budista japonês Hakuin, que:

> Este verdadeiro país é a Pátria do Lótus da Pureza. E esse verdadeiro corpo é o corpo de Buda.

A aproximação a essa compreensão começou independentemente tanto na Índia como na China; após um período de séculos, as duas correntes desapareceram e, segundo o meu ver, alcançaram a plenitude na China, há 1200 anos. Ao estudar essa sabedoria, é importante seguir o seu desenvolvimento histórico, tanto para manter a continuidade da experiência, como para ver que íntima semelhança há entre o crescimento na história e o crescimento dessa mesma experiência no espírito do indivíduo.

Devemos ter sempre em mente que as doutrinas dessas religiões antigas são os símbolos de experiências interiores pessoais, ao invés de tentativas de descrever a verdade metafísica. O fato importante não é se a doutrina contém uma afirmação objetiva do caso a respeito do universo. É descobrir que experiência interior, que estado de espírito ou que atitude de vida levaria os seres humanos a pensar desse jeito. Pois a sabedoria do Oriente possui uma meta estritamente prática, que não é simples conhecimento do universo. Ela visa a uma transformação do indivíduo e do seu sentimento pela vida através, não da crença, mas da experiência.

Essa experiência é psicológica ou espiritual, não-metafísica e, a não ser em certos campos especializados, não tem relação com o ocultismo ou com o que entendemos no Ocidente por filosofia.

Vedanta e os Upanishads *

Por volta de oito séculos antes de Cristo, os sábios da Índia começaram a instruir os seus discípulos com uma série de ditos e parábolas coligidos, conhecidos como os Upanishads. Ninguém sabe quem os pronunciou primeiro, ainda que, de tempos em tempos, alguns deles sejam atribuídos a Yajnavalkya, de quem Geden escreve: "Se o nome representa uma verdadeira individualidade e não é meramente um título sobre cuja proteção muitos pensamentos e raciocínios convergentes encontram expressão, Yajnavalkya pode reivindicar um lugar entre os grandes pensadores do mundo ou de qualquer idade". Os Upanishads constituem as bases daquilo que ficou sendo conhecido posteriormente como Vedanta (veda-anta), o que quer dizer o "fim" ou consumação dos Vedas, sendo os Vedas a mais antiga das escrituras hindus. Com economia e beleza de linguagem, incomparáveis, os Upanishads falam de diversas maneiras sobre Brahma, a Única Realidade, expressa em todas as cópias, objetos, atividades e seres vivos do universo. Assim, diz-se na Katha Upanishad: [1]

> Assim como o vento, ainda que único, toma novas formas aonde quer que adentre, o Espírito, ainda que único, toma novas formas onde quer que viva. Ele está dentro de todas as coisas

---

* Um dos últimos tratados metafísicos védicos, que fala do homem e de suas relações com o universo, e enfatiza o panteísmo da antiga religião hindu.

1. Os seguintes excertos são de Juan Mascaro, *Himalayas of the Soul, Translation of the Sanskrit of the Principal* (Londres e Nova Iorque, 1938).

> e também fora. Há um Regente, o Espírito que está em todas as coisas, que transforma Sua única forma em muitas. Só o sábio que O vê em sua alma alcança a felicidade eterna.

E novamente:

> De Sua vida vem o universo e nela o universo se move. Em Sua majestade jazem o terror e o trovão. Aqueles que conhecem isso alcançam a imortalidade. Por temor a Ele o fogo arde e por esse temor o sol brilha. Por temor a Ele as nuvens e os ventos, e a própria morte, seguem o seu curso.

E no Mundaka Upanishad:

> DEle vem toda vida, todo espírito e todos os sentidos de toda vida. DEle vem o espaço e a luz, o ar, o fogo e a água e esta terra que nos mantém a todos. DEle vem o sol e a origem de todo fogo está no sol. DEle vem a lua e desta vem a chuva, as ervas que medram sobre a terra. E o homem vem dEle e dá a semente à mulher. E, assim, uma infinidade de seres vêm do Espírito supremo.

Mas qual é a exata relação entre Brahma e Suas criaturas? Será a mesma relação do Criador para com a criatura que nós encontramos nas concepções do Cristianismo e do Islamismo ou será a relação panteística de participação, na qual a criatura é uma parte de Deus, onde Deus é único com o universo? A resposta é dada no Chandogya Upanishad:

> Todo este universo é, na verdade, Brahma. Ele é o princípio, o fim e a vida de tudo. Como tal, em silêncio, venere-O. Há um Espírito que é mente e vida, luz e verdade e imensos espaços. Ele contém todos os labores, desejos, odores e todos os sabores. Envolve o universo inteiro e, em silêncio, ama a todos. Esse é o Espírito que jaz no meu coração, menor do que um grão de arroz, do que um grão de cevada ou um grão de semente de mostarda. Esse é o Espírito que está no meu coração, maior do que a terra, que o céu, que o próprio paraíso, maior do que todos esses mundos.

A princípio, parece puro panteísmo; mais adiante, porém, no mesmo Upanishad, o mestre diz: "Uma essência invisível e sutil é o Espírito de todo o universo. Isso é Realidade, é Verdade. Tu és isso".

O mestre não conta ao discípulo que ele é uma parte de Brahma. Ele lhe conta que é Brahma e se nós vamos dar a essa doutrina um rótulo, deveremos dizer que não se trata de panteísmo, mas de panenteísmo.[2]

Do mesmo modo, Santa Catarina de Gênova diz: "Meu eu é Deus, nem eu conheço realmente minha individualidade, exceto nEle. E ainda: "Meu ser é Deus não por simples participação, mas por uma verdadeira transformação de meu ser".[3]

Portanto, a frase "És aquilo" (tat tvam asi) é o primeiro e fundamental princípio do Vedanta, decorrendo do segundo, de que todas as coisas, sem exceção, são Brahma, não por participação, pois Brahma é uno e indivisível. Por esta razão, Vedanta é também conhecido como o sistema de Advaita (literalmente "não dois") ou não-dualidade, e a não-dualidade em filosofia é a expressão natural da aceitação total em psicologia. Todo objeto, ser e atividade é Brahma em Sua (ou sua) totalidade, pois Brahma, sozinho, é o "Único sem um segundo". Mas, perguntar-se-á, se Brahma é a única realidade, por que fazer com que as coisas pareçam estar separadas porque fazer com que nós, seres humanos, sintamos que somos egos separados, e como pode ser que sejamos ignorantes da nossa identidade com Brahma? Isso, de acordo com o Vedanta, é maya — uma palavra absolutamente mal compreendida pela maioria dos intérpretes ocidentais do pensamento hindu, que a traduzem simplesmente por "ilusão". Como já mostramos, o significado original de "maya" foi "truque" ou "artifício", sendo agora descrito como a força criativa de Brahma.

Woodroffe descreve-a assim, em seu *Shakti and Shakta*: [4]

> Maya não é corretamente representado pelo termo Ilusão. Em primeiro lugar, é concebido como uma força verdadeira do Ser e, como tal, a única com total Realidade. O Total, livre de toda ilusão, experimenta o gerar de infinitos centros e os próprios centros em e como seu próprio eu imutável e indiviso. Mesmo Deus não pode *deter* o método de conhecimento do homem e o prazer sem se tornar homem. Ele, por Sua força e como ela, torna-se homem e ainda assim permanece Ele mesmo. O homem é a força em forma limitada de Avidya (ignorância). O Senhor é força ilimitada como Maya.

---

2. Cf. Deussen, *Outline of the Vedante* (Londres e Nova Iorque 1907): "Esta alma em cada um de nós não é uma parte de Brahma nem uma emanação dele, mas é, total e completamente, o próprio Brahma eterno e indivisível", p. 1.

3. *Vita e Dottrina,* p. 36, também capítulo xiv. Vide também Evelyn Undernill, *Mysticism* (London, 1930), p. 129 e 396.

4. *Shakti and Shakta,* Sir John Woodroffe (Madras e Londres, 1929).

Em outras palavras, se o homem tem a experiência da separação, essa experiência também é Brahma, desde que não haja nenhum outro senão Brahma.

Maya não é meramente a ilusão contraposta à realidade, pois na concepção vedantista nada há que, afastado da Realidade, possa ser colocado contra ela.

Assim, podemos dizer que, enquanto não haja separação real de Brahma, há certamente uma experiência da separação, e essa experiência é real mesmo que seja incompleta e relativa. Maya, portanto, somente é traduzível por "ilusão" no sentido de existência efetiva da separação de Brahma; mas como experiência da separação, *maya* é força criativa, pois essa experiência é o artifício por meio do qual Brahma se manifesta, como as criaturas que agem por sua própria conta.

Mas significa isso que, embora possamos ter uma experiência real, digamos, de uma árvore e de uma montanha como coisas separadas, essas duas coisas, absolutamente, não estejam lá e que, ainda que a experiência possa ser real, ela não possui qualquer objeto real de conhecimento comparável a árvore ou a uma montanha?

Nossa imaginação está simplesmente conjurando essas formas pela força de Brahma por uma imensa e amorfa infinidade de uniformidades?

Os Vedantas deduzem que, quando nós ascendemos da experiência parcial do maya à experiência total de Brahma, estamos cônscios apenas dessa unidade infinita e já não temos qualquer percepção de árvores e montanhas? Embora muitos textos respondam a essas perguntas afirmativamente, eu não posso concordar que essa seja a verdadeira interpretação dos Upanishads ou do princípio fundamental de não-dualidade.

Pois não é compatível com esse princípio identificar Brahma distinguindo a unidade infinita da diversidade finita, diferenciando a amorfia da forma. Se Brahma é verdadeiramente não-dual, Ele não pode ser infinito oposto ao finito. Mas, quando dizemos que um homem, uma montanha ou uma árvore são Brahma, não estamos negando o homem, a montanha, ou a árvore. Reciprocamente, se tais objetos são reais, isso não implica a separação deles de Brahma e de forma alguma nega a afirmação de que Brahma é a única realidade. Se, ao dizer que o homem é Brahma, nós concluímos que ele não é um homem, caímos exatamente no dualismo, porque estamos virtualmente dizendo que Brahma não é um homem. Se essa interpretação é incorreta, eu erro em boa companhia, pois, para citar Woodroffe novamente:

> ... o Vishvasara Tantra diz: "O que está aqui, está em outra parte. O que não está aqui, não está em parte alguma". O invisível é o visível, que não é nenhum estranho disfarce por detrás do qual ele espreita. A experiência do visível é a experiência do invisível no tempo e no espaço. A vida do indivíduo é uma expressão das mesmas leis que governam o universo. Assim, o hindu sabe, a partir de seu próprio repouso, que a força que projeta o universo repousa. Seu descanso sem sonhos, quando só a Felicidade é conhecida, fala-lhe, de algum modo, do estado causal do repouso universal. A partir do modo de seu despertar e de outros processos psicológicos, ele vaticina a natureza do pensamento criativo.

O estado de amorfia descreve Brahma apenas em Sua condição de repouso (pralaya), não decorrendo daí que o sábio iluminado, enquanto vive neste mundo, vê todas as formas de vida como uma ilusão vã e vazia, flutuando como fumaça irreal através da superfície do vácuo. Tal filosofia de negação universal não representa o verdadeiro significado do Vedanta, pois no Isa Upanischad diz-se que

> Nas trevas estão eles, que adoram só o mundo, mas em escuridão maior estão aqueles que adoram só o infinito. Ele, que aceita ambos, salva-se da morte pelo conhecimento do primeiro e alcança a imortalidade pelo conhecimento do último.

O mesmo vale para a doutrina. Nós agora temos que examinar o estado de espírito em que ela se baseia, descrito no Mandukya Upanishad:

> ... o que não está consciente do subjetivo, nem do objetivo, nem o que está consciente de ambos, nem o que é simplesmente consciência, nem o que é grande quantidade de sentidos, nem tampouco o que é treva completa. É invisível, transcendente, despreocupado, inamovível, impensável, indescritível, a única essência da consciência do eu, a negação de toda ilusão, o sempre pacífico, todo felicidade, a Única Unidade — isso, na verdade, é atman (o eu).
>
> Trad.: M. N. Dvivedi

Demos que ter cuidado com essas descrições negativas que tanto agradam ao espírito hindu e lembrar o ditado chinês segundo o qual "entre o Todo e o Vácuo há apenas uma diferença de nome".[5] Pois, de um ponto de vista, os Upanishads dizem que Brahma é tudo, enquanto que, de um outro, eles empregam a técnica de "neti, neti"

5. *Secret of the Golden Flower* (texto).

— "este não, este não" — para mostrar que nenhuma coisa individual é, como tal, uma descrição suficiente de Brahma. Portanto, não se pode dizer que o conhecimento de Brahma seja consciência do subjetivo, porque isso exclui imediatamente do bem a consciência do objetivo bem como outros estados de consciência. Com respeito a esses estados, Brahma é cada um deles e todos, mas nenhum exclui os demais. Em termos de psicologia, essa é a completa aceitação de todos os estados possíveis de espírito e de todas as circunstâncias possíveis, pois dizer que todas as coisas são Brahma é um outro modo de dizer que elas todas devem ser aceitas mesmo a não-aceitação, devemos acrescentar, se o nosso não-dualismo se pretende integral.

Assim, não há nada que o homem possa fazer para alcançar a união com Brahma, pois se seu estado de espírito é vidya (iluminação) ou avidya (ignorância) é, não obstante, Brahma.

Qualquer tentativa de ganhar essa união pela ação, mediante transformações, é orgulho egoísta, sendo uma tentativa do homem de realizar pelo seu próprio esforço o que já está feito pela força de Brahma.

Tal orgulho, para usar uma frase popular, é apenas o próprio funeral do homem. Não afeta a Brahma. Neste exato momento, todos os homens são Brahma, apesar de, por causa deles mesmos, e por nenhum meio possível podem realizar ou quebrar essa união.

O homem só pode tornar-se consciente disso, não como verdade metafísica, mas como liberdade espiritual, vendo sua própria natureza como ela é e relaxando aquela contração (sankocha) de orgulho egoísta que não deixará sua natureza ser como é e que está eternamente tentando livrar-se dela, fazendo uma virtude da aceitação. A libertação (kaivalya), ou liberdade, não é o resultado de qualquer curso de ação, seja mental, psicológico ou moral. De acordo com o Vedanta, vem apenas pelo Conhecimento, no sentido especial de gnana (Grego: *reproduzir aqui os caracteres gregos do original — página* 147) como o fruto de "meditação", que é ser ao invés de fazer.[6]

---

6. Cf. René Guenon, *Man and His Becoming According to the Vedanta* (Londres, 1928), p. 232-35. Com referência à "meditação", no sentido em que foi usada aqui, uma citação interessante é encontrada no *Chandogya Upanishad,* 7, vi: "A meditação é, na verdade, mais alta do que o pensamento. A terra parece descansar em silenciosa meditação: e as águas e as montanhas, o firmamento e os céus parecem todos estar em estado de meditação".

O espírito hindu sempre esteve em busca "daquela coisa Una, sabendo que devemos conhecer tudo". Obviamente, o conhecimento, nesse sentido, não é apenas informação factual. A frase é um outro meio de dizer que o todo não pode ser conhecido pela soma de suas partes. Assim, conhecer tudo não é saber a respeito de todas as coisas, pois, como Woodroffe explica, "não é uma experiência do todo, mas o todo-experiência".[7]

Isso fica mais claro quando compreendemos as razões para as quais a experiência foi originalmente procurada. Nossa experiência comum e parcial está sempre limitada. A alegria é condicionada pela tristeza, o prazer pela dor, a vida pela morte e o conhecimento pela ignorância.

Portanto, os hindus conceberam a liberdade como uma experiência que não tinha condicionamento oposto e chamaram-na união com Brahma, o "Único sem um segundo". Pois o homem estará sempre limitado, se depender de uma experiência parcial para a sua felicidade. A alegria deve sempre doar-se à tristeza, de outro modo ela nunca poderá ser conhecida como alegria. Mas o "todo-experiência" não tem oposto. Todos os pares de opostos existem nele e portanto ele pode ser descrito como a aceitação total da experiência como nós a conhecemos agora, ou em qualquer momento. Não há maior liberdade do que a liberdade de ser o que somos agora. Para essa experiência de liberdade, a doutrina de Brahma é a chave para aqueles que têm as faculdades de usá-la, pois o Oriente não entrega a sua sabedoria completamente demonstrada para que todos dela usem ou abusem como lhes agradar.

Dá sugestões e faz todos trabalharem bastante para livrar seu significado do princípio de "não jogue suas pérolas aos porcos".

O Budismo Primitivo

Mas, inevitavelmente, chegou o tempo em que a experiência foi obscurecida pela doutrina, quando a psicologia da religião tornou-se a filosofia desta e a tradição bramânica degenerou em escolasticismo, ritualismo e fantásticos excessos de ascetismo, cujo objetivo não era aceitar os opostos, mas destruí-los, tão negativamente foi a doutrina interpretada. No auge dessa decadência,

7. *Shakti and Shakta*, p. 28 e segs.

surgiu na Índia um Gautama Siddhartha, um príncipe do clã de Sakya, mais tarde conhecido como Buda, que talvez seja o maior título que um filho da Índia poderia ter recebido. De acordo com a tradição, os Budas surgem na espécie humana uma vez em cada 5 mil anos, às vezes quando a "Verdadeira Lei" é esquecida entre os homens. A palavra "Buda" é derivada da raiz *budh* — "saber" — e um Buda é, assim, alguém supremamente iluminado ou desperto, alguém que perquiriu os mais profundos mistérios do universo e conseguiu todo conhecimento, alguém que, fora de seu tempo, atingiu o ponto mais alto da evolução humana. Ninguém pode dizer se Gautama foi realmente um ser de tal natureza, pois o espírito imaginativo do Oriente indubitavelmente acrescentou muita lenda ao fato, não se podendo dizer que tal altura vertiginosa de realização tenha passado a ser objetivo imediato do pensamento e prática budistas subseqüentes.

Como veremos, na China, pelo menos, a palavra "Buda" foi compreendida em um sentido mais imediatamente prático, embora a mais profunda reverência esteja ainda de acordo com os supremos Budas, Gautama, Amitabha e os vários Dhyani Budhas da teologia Mahayanista.

Embora tenhamos nas escrituras um prodigioso número de palavras atribuídas a Buda, pouco se sabe a seu respeito. Muito tempo depois de sua morte (cerca de 550 a.C.), suas palavras eram passadas de boca em boca e aprendidas de cor — daí a forma tabulada mnemônica dela e quando foram adaptadas à escrita suas formas tinham pouca relação com as palavras faladas de qualquer ser humano que jamais viveu. Os mais antigos registros do seu ensinamento são encontrados no Pali Cânon, três grandes grupos de escrituras concebidas, em grande parte, como um relatório estatístico compilado em tardes úmidas por monges que não tinham nada melhor para fazer. Uma outra parte considerável (o Vinaya) contém o verdadeiro sistema elaborado de regras e normas de conduta da ordem monástica (sangha), a maioria das quais foram provavelmente inventadas em tempos posteriores e apresentadas ao Buda para que lhes desse a autorização necessária.

Elas também são obviamente trabalho daqueles que dispunham de tempo que era muito pouco preenchido e que podiam consagrar horas e horas à invenção de restrições chicaneiras. Quanto às partes sobre psicologia, nunca houve tais listas cansativas de minúcias, e o aparente objetivo dos mesmos é analisar o ser humano até o último detalhe e, assim, provar que ele não existe realmente. Geralmente, tem-se muita simpatia pelo mestre budista chinês que descreveu esses registros como "listas de fantasmas e folhas de papel que servem apenas para limpar a sujeira da pele". O ensino real e positivo tem a mesma tendência à repetição e à decomposição, assemelhando-se, no seu aspecto geral, a uma planície monótona e estéril, sem quaisquer montanhas ou vales definidos; ela continua cada vez mais. Chega a parecer quase um milagre que uma religião mundialmente difundida possa ter florescido em tal base, mas eu não creio que seja verdade.

Aqui e ali encontramos oásis nesse deserto de palavras — passagens que possuem a mesma beleza profunda que honra os Upanishads, e de um significado um tanto similar. Essas serão encontradas principalmente em uma coleção de aforismos conhecida como "Dhammapada" (da qual eu recomendo a tradução da sra. C.A.F. Rhys Davids).[8] Elas foram encontradas também em alguns dos Diálogos e em outras secções isoladas do Cânon, e apresentam um tal contraste com o resto a ponto de serem imediatamente reconhecíveis como palavras de um espírito verdadeiramente grande. Portanto, para se chegar a alguma idéia do ensinamento de Buda, temos que tomar tais passagens e considerá-las em seu contexto histórico, com relação àquilo que vem antes delas e o que se desenvolveu a partir delas. Devemos lembrar que o Buda estava ativo no tempo em que o Hinduísmo entrava em declínio, quando a experiência espiritual tinha sido esquecida em seus símbolos. Exceto em alguns poucos exemplos, seu próprio ensinamento foi apagado nesse declínio e tornou-se tão desvitalizado que ultimamente extinguiu-se na própria terra de seu nascimento. Mas, para algumas centenas de anos, a tradição vital verdadeira sobreviveu na Índia, assimilando alguns dos melhores espíritos então existentes entre os brâmanes.

Essa tradição finalmente alcança o norte da China, o Tibete e o Japão, atingindo, no Budismo da China, sua completa glória

8. Em anos recentes, a senhora Rhys Davids se propôs a difícil tarefa de separar o joio do trigo no Cânon Pali. No todo, seu trabalho foi um admirável sucesso, ainda que por vezes o seu raciocínio pareça um pouco ansioso. Contudo, ninguém foi capaz de apresentar qualquer impugnação satisfatória às suas pretensões. Seu conhecimento é o mais completo e eu recomendo o estudo de seu *Outlines of Buddhism* (Londres, 1934), e seu *Manual of Buddhism* (Londres, 1932), assim como todos os trabalhos recentes, incluindo revisões de livros publicados antes de 1918. Um resumo de uma visão ampla desse aspecto de seu trabalho é *What Was the Original Gospel in Buddhism?* (Londres, 1938).

na combinação da profundidade da Índia com os sentimentos da realidade, beleza e humor dos chineses.

O Budismo de Gautama

O ensinamento de Buda é único em sua completa ausência de teologia.

Ele se concentra totalmente na necessidade de chegar a uma experiência pessoal imediata e dispensa o símbolo doutrinário dessa experiência.

Nesse aspecto, é a única religião verdadeiramente psicológica. É um engano dizer que Buda negou a existência de qualquer espécie de Deus ou alma; esses foram assuntos que ele simplesmente recusou discutir por considerar, talvez, que a mera conversação e a mera crença não fossem úteis ao esclarecimento. "Uma coisa eu ensino mesmo", ele disse. "Dukkha e libertação de dukkha", cuja tradução é geralmente assim: "o sofrimento resgata o sofrimento", mas, para nós, a palavra "sofrimento" é por demais pesada. Eu prefiro a tradução "discórdia" ou mesmo "infelicidade".

De acordo com ele, a causa da discórdia ou infelicidade foi *tanha,* ou o desejo egoísta, que talvez seja melhor compreendido como recusa de aceitar os "três sinais do ser". Eles são:

1. Anicca — mudança ou instabilidade;

2. Anatta — literalmente, "Sem mim". A irrealidade do ego como uma unidade permanente, reservada e autodirigida;

3. Dukkha — neste contexto, sofrimento em seu mais amplo sentido.

Muitas pessoas pensaram que, ao fazer em *anatta,* um dos três sinais de ser o Buda, negaram absolutamente a existência de qualquer princípio eterno no homem. Realmente, ele não negou nada mais do que a auto-existência do ego (ver capítulo primeiro) e, embora como regra geral ele se recusasse a discutir a existência de um "Eu Superior" (que seria idêntico a Brahma), não há dúvida de que ele tinha isso em mente, pois referiu-se diretamente a ele em diversas passagens.[9]

---

9. V. *The Book of the Gradual Sayinbs,* III, tradução de E. M. Hare (Londres, 1934). Há uma passagem particularmente interessante na p. 237. Um Brâmane diz para um Exaltado: "Esta é a minha confissão, este o meu ponto de vista. Não há ação própria, não há outra ação". O Buda retru-

Quando esses três sinais do ser são completamente aceitos, o homem alcança a experiência do Nirvana, cujo significado literal é extinguir-se longe do fogo de *tanha.* Para que ninguém confundisse a doutrina com a experiência, ele só descreveu o Nirvana negativamente e não disse absolutamente nada positivo sobre ela. O Nirvana, resultando da aceitação dos três sinais do ser, é a libertação de *sangsara,* e "Círculo do Nascimento e Morte" — um símbolo geral da experiência limitada, da prisão do espírito ao círculo dos opostos, onde tudo aquilo de que gostamos está condicionado ao que não gostamos. Simbolicamente (e talvez realmente, nós não sabemos), o Nirvana é compreendido como libertação da necessidade de renascer cada vez mais nesse mundo de *sangsara.* Pois *sangsara* é como aquilo que chamamos círculo vicioso — um círculo que continua girando —, se nós tentarmos detê-lo com os opostos em seus próprios termos, como se colocássemos o prazer contra a dor, a vida contra a morte, a permanência contra a mudança e a aceitação contra a fuga. O "Círculo do Nascimento e Morte" é, na verdade, a prisão da infelicidade humana, perseguindo-se a fim de fugir de si mesma. É como uma barra girando em seu próprio centro; quanto mais empurramos uma das extremidades, tanto mais ela gira.

A aceitação total dos três sinais do ser atinge o ponto culminante e se realiza na experiência de esclarecimento ou de despertar (bodhi), que é a transição abrupta da visão dual e não-dual da vida, pois o Nirvana é, às vezes, descrito pelo mesmo método negativo empregado pelos Vedantas com respeito a Brahma (vide a passagem citada no Mandukya Upanishad). Assim, apenas, no Pali Cânon há uma abundância de provas para mostrar que o Nirvana indica a mesma experiência de não-dualidade. Uma passagem um tanto negligenciada do Cânon põe isso acima de qualquer dúvida, pois Gautama diz:[10]

---

cou: "Nunca, Brâmane, nunca vi ou ouvi tal confissão, tal ponto de vista. Rogue, como se pode avançar, como se pode recuar, se dizemos não há ação própria, não há outra ação?".

Cf., também, *Gradual Sayings I*: "Tu desprezas o eu nobre, pensando em ocultar o eu do mal, em ti, do eu que o testemunhou". O eu do Upanishad é descrito com freqüência como a Testemunha ou o Espectador. Uma outra passagem do *Maha-Parinibbana Sutta* é digna de menção: "Vive como eles que têm o eu como uma fonte de luz, um abrigo".

10. *Tevigga Sutta,* 43. Vide *Buddhist Suttas,* tradução de T. W. Rhys Davids, vol. VI de Sacred Books of the East (Oxford, U. P., 1900), p. 186.

> Desse modo, o Tathagata (Buda) conhece o caminho reto que conduz a uma união com Brahma. Ele o sabe como alguém que entrou no mundo de Brahma e nasceu nele. Não pode haver dúvida nele.

Essa é uma das poucas alusões de que a visão da vida que tinha Buda era muito mais profunda do que a maioria de seus discípulos admite. Pois, depois de sua morte, seus seguidores começaram a se separar em dois grandes grupos, conhecidos mais tarde como o Mahayana (Grande Condutor) e Hinayana (Condutor Menor). Foi como se a semente plantada pelo Buda tivesse desenvolvido duas hastes, das quais uma continuou a crescer, enquanto que a outra murchou. Pois o Hinayana (agora limitado ao Ceilão, Burma e Sião) sustentou integralmente o Pali Cânon, "trabalhando em cima dele", para usar aqui uma sentença própria de Bacon, "como a aranha tece seu fio, gerando as teias da sabedoria, admiráveis por sua sutileza de fio e trabalho, mas sem qualquer utilidade ou proveito".

Nas suas mãos, o ensinamento de Buda se decompôs assim como sua psicologia decompôs o homem e o universo, provando a não-existência de todas as coisas.

O Budismo Mahayana

Mas o Mahayana começou onde Buda desistiu — se, de fato, não há verdade no clamor de que Mahayana é o ensinamento esotérico de Buda. Ele explorou mais a psicologia do esclarecimento, a natureza do Nirvana, o *sangsara* e os ideais espirituais do Budismo. Uma tradição alega que o segredo do esclarecimento foi transmitido por uma comunicação mística direta, numa época anterior à linhagem de Mahayana, de patriarca para patriarca da ordem.[11] Embora Mahayana não tivesse escapado de nenhum modo ao escolasticismo hindu e dado que, contrariamente à própria prática de Buda, consentiu em algumas das mais sutis especulações metafísicas que o homem já concebeu, estabeleceu um número de princípios que formaram as bases para a maior realização espiritual do Budismo.

Os Hinayanistas consideraram Nirvana como uma fuga das dores da vida e da morte — uma concepção que, para os Mahaya-

11. V. Suzuki, *Essays in Zen Buddhism*, vol. I, capítulo 4.º.

nistas, com sua experiência bramânica, aparecia como o velho erro do dualismo. Desse modo, o homem ideal da Hinayana foi o Arhat — aquele que simplesmente alcançou o Nirvana e deixou de renascer, entrando em repouso sem forma, felicidade e impessoalidade do eterno. Mas os Mahayanistas deram à sua filosofia da não-dualidade prática expressão no ideal de Bodhisattva, que alcança a libertação mas permanece no mundo do nascimento e morte, para assistir a todos os outros seres no esclarecimento. Em outras palavras, eles recusaram fazer qualquer distinção absoluta entre Nirvana e *sangsara;* os dois estados são os mesmos, vistos, por assim dizer, de diferentes pontos de vista. Portanto, o grande Lankavatara Sutra diz:[12]

> A falsa imaginação ensina que coisas tais como a luz e a sombra o comprido e o curto, o preto e o branco são diferentes e devem ser discriminados. Mas elas não são independentes uma das outras. São apenas diferentes aspectos da mesma coisa. Elas são termos de relação, não de realidade. As condições de existência não são de uma reciprocidade de caráter exclusivo. Na essência, as coisas não são duas, mas uma. Mesmo o mundo da vida e morte de Nirvana e Samsara (sangsara) são aspectos da mesma coisa, pois não há Nirvana a não ser onde houver Samsara, e não há Samsara a não ser onde haja Nirvana. Toda dualidade é falsamente imaginada.

Em termos de psicologia prática, isso significa que não há distinção real entre a nossa experiência comum cotidiana e a experiência do Nirvana ou da liberdade. Mas para algumas pessoas essa experiência é opressiva, para outras libertadora, o problema é atingir o que Lankavatara chama aquele "transformar-se na mais profunda base da consciência" que realiza a transformação.

Nessas circunstâncias, o Mahayana foi até mesmo mais eficaz na afirmação desse problema do que o próprio Vedanta. Pois, o que é a nossa experiência comum cotidiana? Não é apenas ciência de circunstâncias externas ou mesmo atividades comuns como andar, comer, dormir, respirar e falar. Inclui também nossos pensamentos e sentimentos — nossas idéias, disposição, desejos, paixões e temores. Em sua forma mais concreta, a experiência comum cotidiana é exatamente aquilo que, sentimos neste momento. Em certo sentido, o Budismo é muito mais uma filosofia e uma psicologia do instante, pois, se nos perguntarem o que é a vida e se qui-

---

12. *The Lankavatara Sutra,* tradução de D. T. Suzuki (Londres, 1932). Uma versão editada dessa tradução está na segunda edição de Dwight Goddarts, *Buddhist Bible,* na qual a passagem citada é encontrada à p. 292.

sermos que a nossa resposta seja uma demonstração prática e não uma teoria, não podemos fazer nada melhor do que indicar o momento — agora!

É no momento em que encontramos a realidade e a liberdade, porque a aceitação da vida é a aceitação do momento presente, agora, e em todos os tempos.

Isso não deve dar a impressão de que o processo psicológico é uma sucessão de atos de aceitação rápidos como o relâmpago, como se fossem ligeiras estocadas com uma espada que têm que ser acertadas antes que o inimigo de "fazer da aceitação uma vertude" tenha danificado as coisas, levando-nos, mais uma vez, para um círculo vicioso.

A aceitação do momento possibilita ao momento viver, o que, na verdade, é uma outra maneira de dizer que se permite à vida viver, ser o que ela é agora (*yathahhutam*). Assim, possibilitar esse momento de experiência e tudo aquilo que ele contém, a liberdade ser como é, entrar em seu próprio tempo e continuar nele, isso é possibilitar o momento, aquilo que somos agora, libertar-nos. É compreender que a vida, como representada no momento, sempre conduz a libertar-nos do próprio princípio, enquanto que escolhemos ignorar isso e tentar alcançar essa liberdade sozinhos.

Por essa razão, o Budismo Mahayana ensina que o Nirvana, ou o esclarecimento, não pode realmente ser atingido, porque no momento em que tentamos alcançá-lo pela nossa própria força, estaremos usando-a como uma fuga do que somos agora e estamos também esquecendo de que o Nirvana é inatingível no sentido em que ele já é. Para citar o Lankavatara Sutra:[13]

> Aqueles que estão sofrendo ou que temem sofrer lembram-se do Nirvana como uma fuga e uma recompensa. Eles imaginam que o Nirvana consiste em uma futura aniquilação dos sentidos e de suas inclinações. Eles não estão cientes de que... este mundo de vida-e-morte e o Nirvana podem estar separados.

E ainda:

> Algum dia, cada um por sua vez e todos serão influenciados pela sabedoria e amor dos Tathagatas da Transformação (Budas aparecendo no mundo) para armazenar um estoque de valores e ascender aos estágios (de realização espiritual). Mas, se eles só realizaram isso, já estão no Nirvana de Tathagata, porque, em Sabedoria nobre (*arya-prajna*), todas as coisas estão no Nirvana desde o princípio.

---

13. V. Goddard, *Buddhist Bible*, p. 352 e 356.

Na verdade, desde o tempo sem princípio, o Nirvana tem sido alcançado por nós, bastando aceitá-lo e compreendê-lo. É em grande parte a mesma coisa, psicologicamente falando, que a graça de Deus no Cristianismo, mas, por causa do nosso orgulho, não o reconhecemos em nossa experiência deste momento e, assim, não permitimos a nós mesmos ser livres. Nas palavras que Edwin Arnold pôs na boca de Buda...

> Vós sofreis por causa de vós mesmos. Ninguém mais constrange.
> Nenhum outro o detém e vós viveis e morreis
> E girais sobre o círculo, afagais e beijais
> Seus raios de agonia,
> Seus adornos de lágrimas, sua nave de inutilidades.

Portanto, para aqueles que, com esse orgulho, estão tentando usar o esclarecimento como uma fuga deles mesmos, o Mahayana diz:

> Quando as pessoas alcançam a Iluminação, mas continuam ainda a estimar a noção de Iluminação, significa que a própria Iluminação tornou-se uma ilusão obstrutora. Portanto, as pessoas devem seguir o caminho da Iluminação, até que em suas mentes as paixões mundanas e a Iluminação se tornem uma única coisa.

E novamente no Saptasatika: [14]

> Bodhi (Iluminação) são as cinco ofensas e as cinco ofensas são Bodhi... Se houver alguém que considere Bodhi como algo atingível, algo no qual a disciplina seja possível, esse comete auto-arrogância.

De certo ponto de vista, esta é uma sabedoria perigosa. Não há melhor antídoto para o orgulho espiritual, mas, por outro lado, ele poderia ser usado como pretexto para qualquer soma de licenciosidade. No raio — no budismo, sabedoria é força, sendo o seu símbolo, às vezes, um trovão e uma força gigantesca que pode ser usada para o bem e para o mal. Por razões que em breve aparecerão, eu não penso que seja a força do mal se é corretamente compreendida, mas o Budismo não aproveitou as oportunidades e nunca deixou de manter na vanguarda os preceitos morais de Buda.

---

14. *Saptasatika-prajnaparamita Sutra,* 232-34. Uma citação notavelmente sugestiva desse tratado pode ser encontrada em Suzuki, *Essays in Zen Buddhism,* vol. II, p. 251-52.

Esses preceitos e sua observação não produzem por si sós essa sabedoria. Mas eles preparam o terreno para ela e tornam o homem seguro dela, disciplinando-o, a fim de que ele adquira um gosto pela moralidade e se torne cada vez menos inclinado a usar a força da sabedoria contra os seus próprios interesses e os da sociedade humana. O código moral monástico é talvez mais rigoroso do que o de qualquer outra religião e, embora este código se tornasse absurdo quando o segredo dessa sabedoria foi perdido, é tremendamente importante quando a verdadeira coisa floresce. Alguns de nós desejam que o Ocidente faça as mesmas restrições quanto ao uso das forças físicas pela ciência. Às vezes, eu acredito que as escrituras Mahayana foram tornadas longas e de leitura difícil para que os monges preguiçosos que poderiam tentar abusar delas dormissem ao estudá-las. Mesmo assim, não há dúvida de que o espírito hindu encontrou uma gloriosa oportunidade de sutil distinção ao demonstrar a fina distinção entre o Nirvana e o sangsara, esclarecimento e ignorância, porque as escrituras Mahayana foram a maior bíblia do mundo. O Cânon Mahayana inteiro compreende cerca de 1.600 obras algumas das mais longas, das quais há um número apreciável, alcançando cento e vinte volumes. Mesmo assim, sabemos que certas partes dele foram perdidas.

O Taoísmo e o "I Ching"

Quanto à forma, ao contrário do conteúdo, a religião nativa chinesa do Taoísmo apresenta um estimulante contraste. Tem apenas quatro escrituras importantes, das quais todas são eminentemente legíveis, diretas e breves.

Há os trabalhos de Lao Tzu, Chuang Tzu, Lich Tzu e Huainan Tzu.

Seus princípios básicos, porém, estão próximos aos do Budismo, que as duas crenças freqüentemente se misturaram e foram capazes de se aperfeiçoarem de muitos modos, especialmente quanto à forma e ao método.

De acordo com a tradição, Lao Tzu, o fundador do Taoísmo, foi um contemporâneo de Buda e também de Confúcio.[15] Embora

15. Que se veja Arthur Walley, *Way and Its Power* (Londres, 1935), p. 101 e segs, e também p. 86 e 99. Ele fornece a data do *Tao Te Ching*

alguns, à moda moderna, tenham negado a sua existência, a estória insiste em que Lao Tzu foi bibliotecário da corte e que, antes de partir para as montanhas orientais a fim de terminar seus dias em retiro, deixou uma breve coleção de ditos conhecidos como o "Tao te Ching". Chuang Tzu viveu cerca de 400 anos mais tarde e teve, de certo modo, o mesmo papel em relação a Lao Tzu que São Paulo teve em relação a Jesus Cristo. Seus escritos são mais extensos e sob certos aspectos mais desenvolvidos do que os de Lao Tzu, sendo um dos seus principais traços uma grande quantidade de anedotas e parábolas que constituem uma interminável festa de sabedoria e humor.

O Taoísmo está baseado nos três princípios fundamentais, conhecidos como Tao, Te e Wu-wei, respectivamente. Muitas tentativas têm sido feitas para se traduzir a palavra Tao — o Caminho, a Razão, Deus, a Lei, a Palavra Divina, a Natureza, a Vida e o Significado. Jung, que trabalhou com o orientalista alemão Wilhelm, chamou-a de princípio de sincronicidade e também a fez significar personalidade em um sentido especial da palavra.[16] Todos estes termos, contudo, apenas dão certos aspectos do significado de Tao, e eu prefiro seguir o exemplo daqueles orientalistas que deixaram a palavra sem tradução. A idéia de Tao é encontrada no pensamento chinês, muito antes da época de Lao Tzu. Originalmente, ela significava "fala" e, assim, o "Tao Te Ching" começa com o trocadilho "O Tao que pode ser falado não é Tao" ou, como Ch'u Ta-kao o devolve, "O Tao que pode ser expresso não é o Tao eterno". No I Ching, ou Livro das Mutações, o aspecto sincronístico de Tao é mais importante, e a este trabalho pouco conhecido deve-se dar alguma consideração, porque muitas autoridades o apoiam e eu creio certamente que o I Ching é quase a base do pensamento chinês. Pelo que eu próprio sei, a palavra não ocorre filosoficamente no texto verdadeiro do I Ching, mas é encontrada nos apêndices, de data posterior, e não há dúvida nenhuma de que a concepção chinesa de Tao foi grandemente influenciada pelo I Ching. Além disso, o aspecto sincronístico de Tao tem contribuído largamente com a psicologia budista do momento.

O "I Ching" é provavelmente o segundo mais antigo dos grandes clássicos chineses e, de acordo com Legge, foi escrito em

---

como sendo aproximadamente 240 a.C. e acredita que ele só se aliou com Tao Tzu mais tarde.

16. V. *Secret of the Golden Flower,* p. 142, também *Integration of Personality,* p. 305.

1143 a.C., mais ou menos. É geralmente usado como um livro de adivinhação, mas provavelmente tem utilidades muito mais profundas. "Se fossem acrescentados alguns anos à minha vida", disse Confúcio, "eu dedicaria 50 ao estudo do I e poderia assim evitar incorrer em grandes erros".[17] O texto real é uma análise de sessenta e quatro hexagramas, compostos de oito trigramas, conjuntos de linhas divididas e ininterruptas, correspondendo a oito fatores principais ou elementos da vida. Diz-se que um desses hexagramas (composto de dois trigramas) mostra os dois principais fatores implicados em qualquer situação num dado momento. As linhas divididas mostram o princípio do *yin* (negativo e feminino) e as linhas indivisas o do yang (positivo e masculino), os dois aspectos sob os quais Tao opera no mundo da forma (ver diagrama).

O I Ching e o sistema de adivinhação nele baseado têm, creio, intrigado tanto aos ocidentais porque pressupõe uma visão da vida e uma forma de raciocínio que nos são completamente estranhas. Isso é o que Jung denomina o princípio de sincronicidade.

Todo o nosso raciocínio está baseado na lei da causa e do efeito operando como uma seqüencia. Algo está ocorrendo *agora,* porque alguma outra coisa aconteceu antes. Mas os chineses não raciocinam tanto sobre essa linha horizontal que parte do passado e passa pelo presente, rumo ao futuro.

Eles raciocinam perpendicularmente, partindo daquilo que se acha em algum lugar agora para aquilo que se acha em um outro lugar agora. Em outras palavras, eles não indagam por que, ou de onde no passado procede, um conjunto de coisas que está ocorrendo no momento. Eles perguntam: "Qual é o significado das coisas que estão acontecendo simultaneamente neste momento?"

A palavra Tao é a resposta a essa pergunta. A situação presente no interior ou à volta de alguém é Tao, pois o momento presente é a vida.

Nossa memória do passado nela está contida, assim como a potencialidade do futuro. Em poucas palavras, esse modo de olhar as coisas baseia-se na grande apreciação da significação do momento, e implica que todas as coisas que estão acontecendo agora mantêm relação definida umas com as outras, exatamente

17. *Analects,* 7, xvi.

O Tao e seus Elementos

porque ocorreram simultaneamente, não fosse por outras razões. Esse é um outro meio de dizer que há uma harmonia denominada Tao que combina tudo o que ocorre a cada momento no universo em um coro perfeito. A situação geral dentro e em torno de nós neste instante é a de uma harmonia com a qual temos de nos encontrar, se quisermos estar conformes a Tao. Quando tivermos descoberto a nossa própria união com ele, estaremos no estado de Te, às vezes interpretado como "virtude", "graça" ou "força", mas melhor compreendido como Tao realizado no homem. Sobre isso, Lao Tzu diz, em seu estilo lacônico: "O Supremo Te não é Te e assim tem Te; o humilde Te não perde Te e assim não é Te", o que Ch'u Ta-kao interpreta assim: "A virtude superior não está consciente de si mesma como virtude; portanto, tem virtude. A virtude inferior nunca dispensa a virtude; portanto, ela não tem virtude".

Tao e Te são melhor compreendidos ao considerar-se o princípio que os une, o que faz Tao aparecer no homem como Te. Isso é *wu-wei,* o segredo da harmonia com Tao em seu aspecto espiritual. Outras ordenações ligeiramente distintas de wu-wei proporcionam a harmonia com o Tao em seus aspectos materiais, sendo a esses que o I Ching está preliminarmente se relaciona com a conduta dos afazeres cotidianos, políticos, estratégicos e econômicos. Pois enquanto o I Ching explora a mecânica, as partes e as afinidades detalhadas da harmonia momentânea, o propósito da psicologia taoísta é senti-la como um todo; a primeira é analítica e a última, sintética. Literalmente, *wu-wei* quer dizer "não-ação", "não-afirmação", sendo freqüentemente mal traduzida como "não fazer nada". Mas *wu-wei* quer dizer "não-ação" simplesmente no sentido de que, pela não-ação, podemos nos colocar em harmonia com Tao, pois, como vimos, o segredo dessa harmonia do momento não é a ação, mas a aceitação de uma harmonia já alcançada pelo próprio Tao. Nós não alteramos a situação real, mas a nossa atitude para com ela passa por uma mudança na qual sentimos a harmonia onde antes sentíamos discórdia. Essa mudança, Chuang Tzu a ilustra com a estória "Três de Manhã".[18]

> Um zelador de macacos disse, a respeito da ração de castanhas deles, que cada macaco devia que ter três castanhas pela manhã e quatro à noite.
>
> Mas como por isso os macacos ficaram com muita raiva, o zelador disse que eles podiam ter quatro de manhã e três à noite, arranjo, que deixou todos muito satisfeitos. O número real de castanhas permaneceu o mesmo, mas houve uma adaptação para os gastos e preferências dos interessados.
>
> trad. Giles

Wu-wei, como aceitação, indica que a única dificuldade do Taoísmo é a sua simplicidade inaudita. Assim, Lao Tzu diz:

> Minhas palavras são muito fáceis de entender e também muito fáceis de serem postas em prática.
>
> Ainda assim, todos os homens do mundo as desconhecem e não as põem em prática.

A razão para essa simplicidade é dada no terceiro apêndice do I Ching. No quinto capítulo da tradução de Legge, lê-se:

> O movimento sucessivo das operações inativas (*yin*) e ativas (*yang*) constitui o que se chama o curso das coisas (Tao). Aquilo que ocorre como resultado de seu movimento é benevolência; aquilo que o mostra em sua integridade é a natureza dos homens e das coisas. O benevolente o vê e o chama benevolência. O sábio o vê e o chama sabedoria. *As pessoas comuns, agindo diariamente de acordo com ele, nem assim o conhecem.*

---

18. Chuang Tzu, 2.

Assim é o curso das coisas, como vistas pelo homem superior, sendo que poucos o vêem (Os grifos são meus).

Os termos são diferentes mas eis aí o principal ponto de contato entre o Taoísmo e Mahayana, pois, como lemos no Lankavatara, "se eles apenas o compreendessem, já estariam no Nirvana de Tathagata, pois, na Sabedoria nobre, todas as coisas estão no Nirvana desde o começo". Ou, como dizem os Cristãos, se aceitarmos a graça de Deus, seremos salvos como somos. O princípio soa como um ultraje para o senso comum, estribado no egoísmo da ambição moral, e, em um universo muito complexo, parece demasiado simples, demasiado ridículo também para ser verdade. Diz, ainda, Lao Tzu:

> Quando o estudioso superior fica sabendo de Tao,
> Trabalha muito para exercitá-lo.
> Quando o estudioso mediano fica sabendo de Tao,
> Parece que ora o conserva, ora o perde.
> Quando o estudioso inferior fica sabendo de Tao,
> Ri dele muito alto.
> *Se não risse, não seria bastante ser Tao.*

O Zen Budismo na China

As diferenças entre o Taoísmo, por um lado, e o Vedanta e o Budismo, por outro, provavelmente surgem da diferença de clima na China e na Índia. A idéia de Tao é um tanto mais dinâmica do que a de Brahma. Tao está sempre movendo é o curso transitório das coisas, enquanto Brahma é o eterno e o imutável. O hindu é vagaroso e, como a vegetação tropical, o seu espírito é prolixo, ao passo que os chineses são muito menos vagarosos, pois a sua terra não é nada frutífera e como ela os seus pensamentos são correspondentemente breves e incisivos. Eles se rebelaram contra a verbosidade do Budismo hindu e também contra a sua tendência de buscar a sabedoria através da retirada do mundo, do estado sublime de consciência sem qualquer relação com a vida prática. Pois os hindus nem sempre seguiram os ensinamentos de Mahayana até, as últimas conseqüências e isso levou o bom senso chinês a praticar o que a profundidade do espírito hindu havia concebido. Portanto, próximo ao fim do século XVIII — anno Domini — os chineses tinham desenvolvido uma forma de Budismo que combinava todas as virtudes do Budismo e do Taoísmo e, eu não posso considerar isso mero acaso, a ascensão dessa escola chinesa do Budismo coincidiu com a idade de ouro da cultura chinesa nas dinastias de T'ang, Sung e Yuan. Na cultura chinesa, essa escola foi conhecida como Ch'an, mas no Ocidente ela é mais comumente conhecida pelo seu nome japonês de Zen, e tem sido cantada como:

> Uma comunicação direta (Iluminação) fora das escrituras.
> Nenhuma dependência de palavras ou letras.
> Indicação direta da alma do homem.
> Exame de nossa própria natureza e alcance da aparência com Buda.

Pois os fundadores da escola de Zen acreditaram, e corretamente, que o segredo da iluminação nunca pode ser transmitido sob forma de palavras ou contido em qualquer sistema de idéias. A não-dualidade ou total aceitação desafia toda descrição intelectual, sendo uma condição do espírito que não distingue opostos contra os quais possa ser contrastado e, assim, entendido. "A Iluminação", de acordo com um professor de Zen, "é o nosso pensamento cotidiano" — ainda assim, em que é que constitui a diferença entre um homem comum e um Buda? De acordo com o sentimento taoísta vigente na época, eles chamaram Zen à escola budista que se voltava para o instante, oposta à escola gradual, pois seu objetivo é fazer com que vejamos a nossa própria natureza no instante e assim compreender que ela é a "natureza de Buda".

Como disse Tao-wu, "se quisermos vê-la, precisamos encará-la diretamente, mas quando pararmos de pensar nela estará completamente ausente".

Zen, como uma técnica, está destinado a resolver o seguinte problema: "Como, sem recorrer à confusão do intelectualismo, vamos demonstrar a unidade de Nirvana e *sangsara,* de Tao e da vida, da liberdade espiritual e de experiência cotidiana?"

Se dissermos com tantas palavras que Tao é o que experimentamos neste exato momento, isso não é mais do que um conceito. Além disso, sempre que dissermos que isto ou aquilo *é* Tao, estaremos falando ainda em termos de dualismo; unindo desta forma duas coisas que nunca tiveram necessidade de estarem juntas e ainda mantendo no recôndito de nosso espírito a diferença entre "isto", por um lado, e "Tao", por outro. Em outras palavras, a idéia de Tao, Buda, Nirvana, Brahma ou outra coisa qualquer é apenas confusa enquanto permanece sendo uma idéia, um conceito a mais, acima e à parte da experiência comum. Assim, como podemos demonstrar Tao como uma realidade e não um conceito? Como podemos indicar a vida e mostrar ao homem que ela é Tao e que pode libertá-lo, sem chamá-lo por esse nome? Depois de tudo, Tao e Nirvana são apenas nomes para uma experiência. Aqueles que os inventaram tiveram primeiro a experiência, depois deram a ela o seu nome, mas agora as pessoas estão tão ocupadas com os nomes, que esquecem a prática.

O método de ensino desenvolvido pelos mestres de Zen foi, portanto, um tipo de "tática de choque" espiritual destinada a demonstrar a própria experiência de maneira tão concreta e vigorosa, que o discípulo seria levado à rápida compreensão. Nós já narramos o método um tanto incomum usado por Hui-neng para despertar o ladrão que tentou roubar seu manto e sua vasilha, mas seus sucessores recorreram a táticas ainda mais incomuns. Os exemplos que seguem foram fornecidos pelo dr. D. T. Suzuki, de fontes chinesas primitivas.

> Certa feita, perguntaram ao mestre de Zen Bokuju: "Temos que nos vestir e comer todos os dias; como fugir de tudo isso?". O mestre respondeu: "Vestimos; comemos". "Eu não compreendo." "Se você não compreende, vista-se e coma sua comida."
>
> Quando Gensha estava convidando um sacerdote para o chá, o último perguntou: "O que querem dizer quando dizem que, apesar de termos isso todos os dias, nós não o conhecemos?". Gensha pegou um pedaço de bolo e ofereceu a ele.
>
> Depois de comer o bolo, o sacerdote repetiu a pergunta, pensando que o mestre não o tivesse ouvido, diante do que Gensha respondeu: "Simplesmente que nós não o conhecemos mesmo quando estamos usando-o todos os dias".
>
> Em outra ocasião, um discípulo perguntou a Gensha como alcançar o verdadeiro Caminho. Gensha respondeu: "Você ouve o murmúrio do regato?". "Sim, ouço." "Há um caminho para entrar."
>
> Um estudioso de Confúcio aproximou-se de Kwaido para perguntar-lhe a respeito de Zen. Kwaido respondeu: "Há uma passagem no texto, com o qual você está totalmente familiarizado, que descreve adequadamente os ensinamentos de Zen. Confúcio não declarou: "Pensam que eu estou escondendo alguma coisa de vocês, ó meus discípulos'?" "Na verdade, eu não ocultei nada de você." O erudito não pôde entender nada disso, mas depois, quando caminhavam juntos pelas montanhas, eles passaram por um arbusto de loureiro silvestre: "Você sente o cheiro?", perguntou Kwaido. Quando o erudito respondeu que sim, Kwaido exclamou: "Pois então, eu nada ocultei de ti!"

O que esses homens tentam provar? Kwaido deseja mostrar ao erudito que o aroma do loureiro silvestre é Tao ou Nirvana?

Na verdade, não! Se essa fosse a intenção de Kwaido, ele teria dito isso com muitas palavras. Apenas desejou que o erudito sentisse o aroma do loureiro silvestre. Essas estórias parecem-se muito com gracejos. No momento em que se tenta explicar um gracejo, malogramos e só rimos quando vemos o essencial diretamente. Assim, explanar essas estórias é realmente explicá-las satisfatoriamente. Todavia, Zen nunca explica. Ele apenas dá sugestões, pois, como van der Leeuw disse: "O mistério da vida não é um problema a ser resolvido, mas uma realidade a ser vivida".

Tentar explicar Zen é como tentar prender o vento em uma caixa. Quando a tampa for fechada, o vento deixará de o ser ele mesmo e tornar-se-á ar estagnado. Porque "o vento sopra onde quer e tu ouves a voz dele, mas não sabes dizer de onde vem, nem para onde vai. Assim também são todos os que nascem do Espírito".

A Barreira da Estrada Aberta

Alguns imaginam que o Zen é apenas uma espécie de "naturalismo", e assim seria se fôssemos tomar literalmente, por exemplo, as seguintes [19] palavras de Rinzai:

> Você não deve ser astuto. Seja seu eu comum. Ao buscar no mundo exterior, se você preferisse encontrar felizes suas mãos e seus pés perguntando aos seus vizinhos, estaria cometendo um erro. Se você tenta alcançar Buda, este voltará a ser apenas um mero nome. É melhor conhecer Buda do que procurá-lo. Você mesmo, como é — isso é o Buda Dharma (Lei). Eu me sento ou fico de pé. Eu me enfeito ou me alimento. Durmo, quando estou fatigado. O ignorante zomba de mim, mas o sábio compreenderá. Se você dominar qualquer lugar a que for, esse lugar se torna terra verdadeira.
>
> Portanto, os antigos disseram que se você fizer algum esforço para alcançar a lei, esta não funcionará naturalmente e todas as circunstâncias do mal elevarão suas cabeças competitivamente. Quando a espada da sabedoria avançar, não haverá

---

19. Infelizmente, não há tradução publicada do *Rinzai Reku* (capítulo *Lin-chi-Lu*), mas eu devo mais a Sokei-an Susaki, Abade de Jofuku-in, pelo peso de uma interminável tradução do trabalho que aparecerá finalmente em forma de livro.

absolutamente nada — nenhuma espécie de tentação no mundo. Então você verá a parte brilhante das trevas nas próprias trevas e verá também a parte escura do esplendor no próprio esplendor. Por isso, os antigos diziam que o espírito do dia-a-dia é a verdadeira lei.

Trad.: Sokei-an Susaki

Em um certo sentido, isso pode ser naturalismo, mas ninguém jamais foi natural tentando ser natural, nem mesmo se tentasse não tentar. Tão logo instituamos uma técnica de tentar, o significado das palavras de Rinzai nos escapará pois o Zen não é nenhuma espécie de culto ou de "ismo" e, no momento em que o transformamos num, caímos diretamente no círculo vicioso.

Mas o sentido das palavras de Rinzai é "claro como a vastidão dos céus", ainda que para vê-lo tenhamos que ver diretamente, como se se tratasse de um gracejo. Ele aconselha cada vez mais seus discípulos a se verem como são agora, pois naquilo de que fazem uso neste momento é precisamente o que faz um Buda.

Mais do que o velho Mahayana, mais que o próprio Taoísmo, o espírito do Zen reside na importância de examinarmos nossa própria natureza agora, neste momento — não daqui a cinco minutos, quando você dispuser de tempo para "aceitar" a si mesmo, nem dentro de dez minutos, quando dispuser de tempo para retirar-se para as montanhas e meditar. Os mestres do Zen recorrem a todos os meios possíveis para concentrar a atenção em si mesmos, em sua experiência, em seu estado de consciência como é agora, pois, como dissemos antes, não há maior liberdade do que a de ser o que se é agora. Em nosso orgulho, relutamos em aceitar a liberdade de uma experiência aparentemente tão humilde e prosaica. Mas há um outro fator na compreensão Zen. Pois logo que você se permitir essa liberdade, compreenderá que, depois de tudo, não é uma questão de *permitir*. Verá que em tempo algum esteve privado dessa liberdade. Quando entendida, a aceitação total daquilo que você é agora, de seu estado de espírito presente, qualquer que seja sua natureza, mostrará que você esteve praticando aquela aceitação total continuamente, embora nunca a tivesse conhecido. Mostrar-lhe-á que qualquer que tenha sido a sua experiência no passado e qualquer que venha a ser no futuro, nada em si mesmo ou no universo inteiro o privou ou poderá jamais privá-lo daquela liberdade. Antes dessa constatação, você parece desafiado por uma barreira colocada no meio do caminho e que o divide em caminho da liberdade e caminho da servidão. Mas, à medida que você passa por aquela barreira, ela desaparece, pois nunca existiu e a estrada inteira estava livre.

Há um livro de Zen chamado a "Barreira sem Portão", (Mumon-kwan), que Nyogen Senzaki traduz como "A Passagem sem Portão".[20] Seu autor o apresenta com estes versos:

> Não há portão na estrada pública.
> Aqueles que cruzam essa barreira
> Caminham livremente por todo o universo.

Um discípulo perguntou, certa vez, ao seu mestre: "Peço-vos que me mostreis o caminho da libertação". O mestre respondeu: "Quem já o submeteu à servidão?". "Ninguém". "Se é assim", concluiu o mestre, "por que você deveria pedir libertação?".

Um outro, quando inquirido sobre a mesma questão, respondeu simplesmente: "Onde você está agora?". Um outro ainda, a quem foi feita a mesma pergunta, respondeu: "Não há ramais, não há estradas transversais aqui; as colinas, ao redor, são frescas e verdes o ano todo. Leste ou Oeste, qualquer que seja a direção, você pode dar um belo passeio".

Isso realmente é falar franco, tão claro que se torna difícil ver, mas nós sempre pensamos ser cegos enquanto andamos por aí, de olhos abertos, à procura da visão. Certa feita, o grande mestre Ummon disse:

> "Há absoluta liberdade no Zen. Muitas vezes nega, muitas vezes afirma. Ele segue ambos os caminhos com gosto". Um monge perguntou: "Como ele nega?". "Com o passar do inverno vem a primavera". "O que acontece quando a primavera começa?" "Carregando um cajado sobre os ombros, deixa-o perambular pelos campos, leste ou oeste, norte ou sul, e bater os velhos cepos para alegria de seu coração".
>
> Joshu disse: "O Grande Caminho está bem à frente de seus olhos, mas é difícil de se ver". Um monge perguntou: "Que forma ele toma para que possamos vê-lo diante de nós?". "Ao sul do rio ou ao norte dele, como você quiser."

A literatura Zen está cheia de passagens como essa, mas o sinólogo católico Wieger não viu nela mais que "uma coleção de fólios cheios de respostas incoerentes e disparatadas."

---

20. *The Gateless Gate,* tradução de Nyogen Senzaki e Saladin Reps (Los Angeles, 1934).

Não há, como poderíamos supor, alusões a assuntos esotéricos que teríamos de conhecer a fim de compreender. São meras exclamações saídas da boca de mentecaptos, momentaneamente despertos de seu coma".[21] Desnecessário dizer, o renomado mestre de Zen quase nunca é encontrado em algum estado que guarde a mais remota semelhança com um coma, exceto quando ele dorme à noite, e, embora ocasionalmente se refiram a si mesmos como mentecaptos, os mestres de Zen foram responsáveis por alguns dos mais soberbos trabalhos de arte que a China e o Japão produziram. É difícil compreender como Wieger pôde ter omitido o sentimento de liberdade presente em tantos desses ditados; pois, no homem que carrega um cajado sobre os ombros e perambula pelos campos, leste ou oeste, norte ou sul, batendo os velhos cepos para a alegria de seu coração, não encontramos nós um estado de espírito igual ao do vento que "sopra onde quer" e é preferido por todos os que nasceram do Espírito?

> A entrada de sua cabana colmada está fechada e mesmo os mais sábios não o conhecem. Nenhum relance de sua vida interior pode ser percebido, pois ele continua o seu próprio curso sem seguir os passos dos antigos sábios.
>
> Ele é encontrado em companhia dos bebedores de vinho e açougueiros. Ele e os outros são todos convertidos ao Budismo.
>
> Kakuan [22]

Talvez um dos melhores meios para se captar um instantâneo da experiência da liberdade Zen seja através da sua poesia. Assim, Hokoji diz:

> Como é extraordinário e milagroso isto —:
> Eu tiro água e levo energia.

Em seguida, temos este de Murmon:

> Centenas de flores primaveris — a lua outonal.
> Uma refrescante brisa de verão — neve de inverno.
> Livra a tua mente do vão pensar
> E cada estação, todas, como serão agradáveis para ti.

O homem livre caminha para frente; ele não hesita e jamais olha para trás, pois sabe que não há nada no futuro e nada no

---

21. V. Wieger, *Histoire de Croyances religieuses en Chine*, p. 517-28.
22. Esta passagem provém dos comentários de Suzuki ao último dos "Ten Oxherding Pictures". Vide seu *Manual of Zen*, p. 161.

passado que possa abalar a sua liberdade. A liberdade não lhe pertence. Ela não é mais propriedade sua do que o vento e, como ele não a possui, não é possuído por ela. E porque nunca olha para trás, diz-se que suas ações não deixam traços, como a passagem de um pássaro pelo ar.

As sombras dos bambus varrem as escadarias,
Mas não levantam pó.
O luar alcança as profundezas,
Mas não deixa traço algum no lago.

Eis aqui os versos de quem viu repentinamente a verdade e participa da vida de um homem livre:

Para esse raro evento
Eu daria alegremente dez mil moedas de ouro!
De chapéu na cabeça e uma trouxa de roupa às costas,
No meu cajado eu levo a brisa e a lua cheia!

Houve um que se tornou iluminado com o repentino tocar de uma flauta, pelo que escreveu estas linhas:

No tempo em que eu não tinha introspecção
Meu coração era triste ao tocar de uma flauta;
Mas agora eu não tenho sonhos vãos.
Deixo o flautista tocar suavemente como ele deseja.

Não se deve interpretar equivocadamente estes poemas devido aos sentimentos emocionais dos livres amantes da natureza, que vivem longe das cidades e das lidas modernas. A superfície do sentimento oculta o trovão e o relâmpago. Eis aqui a reação de um poeta Zen em face da morte repentina:

Nem a terra nem os céus me dão refúgio.
O corpo e a alma se dissipam no nada.
Sua espada, um clarão de relâmpago,
Corta como o vento da primavera!

Um outro ainda do mesmo grupo:

Sob a espada que levantou para o alto
Está o inferno. Seu tremor de medo,
Mas prossegue!
E há a Terra da Bem-aventurança.

No Zen nós descobrimos a verdade central da sabedoria oriental nua e crua — livre de seus adornos e símbolos. Às vezes, parece completamente desconcertante e outras completamente absurda. Mas não difere de qualquer outra crença que visa a liberdade do espírito. Ainda estamos tão acostumados aos símbolos e doutrinas, tão cheios de meras imagens da sabedoria que as gerações nos têm legado, com os nomes do Deus, cujo eu permanece invisível, que, quando alguém aponta diretamente para a própria experiência, ficamos surpresos e não podemos acreditar no que vemos.

Isso é mais freqüente quando aquilo que é apontado é algo que está adiante de nossos olhos, e para o qual somos geralmente muito orgulhosos para olhar.

Mas Deus é sempre encontrado onde Ele é menos esperado e, assim, ninguém imaginaria descobri-lo nos estábulos de uma hospedaria.

E se Zen nos revela a experiência central da religião oriental, ninguém pode dizer que a Ásia nos oferece apenas a *via negativa* de negação do mundo. A filosofia oriental torna o homem e o universo uma ilusão apenas como estágio para torná-los divinos, a fim de que possamos considerar milagre e maravilha o extrair a água e levar energia.

Pois na doutrina de que cada coisa e criatura é um aspecto transitório do Brahma eterno, apenas um espírito ignorante poderia interpretá-la como uma negação das formas vivas; ainda mais que a intenção dela é possibilitar-lhes a mais tremenda afirmação que o homem poderia expressar.

7 — *A Grande Libertação*

Aqueles que buscam a felicidade não a encontram porque não compreendem que o objeto da busca é a própria busca. Nós dizemos que felizes são os que "se encontraram", pois o segredo da felicidade está no antigo ditado: "Torna-te aquele que és". Devemos falar em paradoxo, porque pensamos estar separados da vida e, para sermos felizes, devemos nos unir a ela. Mas nós realmente estamos unidos e todas as nossas ações são ações dela. A vida vive-nos, nós não vivemos a vida.

Na verdade, porém, não há qualquer "nós" fora da vida que a vida possa, desse modo, "viver". Não é que sejamos instrumentos passivos dela, como acreditam os fatalistas, pois poderíamos apenas ser instrumentos passivos se fôssemos outra coisa que não a vida. Quando nos imaginamos separados e em guerra com ela, pensamos ser seu instrumento passivo e assim somos infelizes, sentindo com Omar Khayyam:

> Oh! Vós, que criastes o Homem da própria Terra
> E que com o Paraíso inventastes a Serpente;
> Pois a todos os Pecados que enegrecem a Face do Homem
> a Clemência humana toma — e tira.

Mas, na verdade, a ação e a passividade são a mesma coisa e o mesmo ato e a vida e você mesmo são únicos e o mesmo ser. Essa verdade da filosofia antiga está além da nossa lógica, mas quem a compreende é um sábio e quem não a compreende é um tolo. Muito curiosamente, porém, o tolo torna-se sábio, permitindo-se ser livre para ser tolo; então, a sua alegria não conhece fronteiras e ele "caminha livremente por qualquer parte do universo".

Poder-se-ia chamar a isso de complexidade do demasiado simples. E isso, sem o uso de termos técnicos, é a resposta da sabedoria oriental para o problema mais difícil do pensamento Ocidental — o problema do destino e do livre arbítrio.

Destino e Livre Arbítrio

Inevitavelmente, a busca da liberdade espiritual leva-nos a esse enigma de idade venerável. Pois, perguntar-se-á, a aceitação total da vida, como a descrevemos, não é simplesmente o mais extremado fatalismo?

Não se reduz ela tão-somente ao enorme senso de irresponsabilidade que deriva do conhecimento de que não apenas os nossos feitos e circunstâncias, mas também nossos verdadeiros pensamentos e sentimentos são obras da vida ou do destino — e assim podemos muito bem deixar de nos preocupar com eles?

Se isso é verdade, não decorre também daí que aqueles que persistem na servidão aparente e na mais cruel miséria da recusa de aceitar, acreditando no livre arbítrio e orgulhando-se de suas forças egoístas, são de fato incapazes de experimentar essa aceitação, tendo o destino derrotado a sua crença no livre arbítrio? Quando a filosofia oriental diz que todas as coisas são Brahma, o intelectualismo ocidental não pode resistir, aplicando-lhe sem demora o rótulo de fatalismo. A verdade é que nós não fomos capazes de resolver o problema do círculo vicioso, pois o determinismo ou fatalismo é a sua representação filosófica. O círculo vicioso é a impotência do homem; ele não será resolvido até que a constatação da nossa impotência como homens possa ser complementada por nossa onipotência como Deus. Este é o ponto em que o fatalismo irrompe com toda a sua força. Curiosamente, poucos filósofos já tiveram a coragem de ser fatalistas resolutos, pois a doutrina encerra um paradoxo singular. O fatalismo é a doutrina da completa subserviência do homem ao destino, mas levanta-se sempre uma estranha objeção com relação a ela — "Se todos acreditassem que cada pensamento e ação fossem inevitavelmente predeterminados pelo destino, *então as pessoas comportar-se-iam exatamente como lhes agradasse*". Em outras palavras, elas tornar-se-iam perigosamente livres.

A aceitação total, como a descrevemos, está muito próxima do fatalismo, até o ponto em que se torna liberdade absoluta. Mas ela contém um fator adicional que protege o processo de seus perigos e o transforma em algo mais do que uma mera proposição filosófica.

Mas, primeiro, devemos considerar o problema do fatalismo em seu sentido puramente filosófico. Logicamente, a posição dos fatalistas é inatacável.

Eles pensam que uma determinada causa pode ter apenas um efeito e que não pode haver atividade do espírito humano que não seja o efeito de uma causa. Assim, sempre que nos depararmos com uma escolha, nossa decisão será determinada não por uma livre ação da vontade, mas por um número indeterminado de fatores que compõem o nosso ser naquele momento — impulsos hereditários, reflexos instintivos, formação moral e milhares de outras tendências que inclinam para uma dada escolha especial, tão inevitavelmente quanto um ímã atrai uma agulha para dentro de seu campo. Um ato de escolha não poderia ser livre, a menos que ele prescindisse de motivos, pois nossos motivos resultam de condicionamentos passados. Mas o motivo é apenas um outro nome para a causa, e uma ação sem qualquer tipo de causa é impossível. Assim, temos uma cadeia de causa e efeito; cada elo dessa cadeia pode ter apenas elos especiais no outro lado dela, antes como causa, depois como efeito.

Portanto, o último elo da corrente está predeterminado pelo primeiro.

> Com o primeiro barro da terra eles fizeram a massa do último homem.
> E depois plantaram a semente da última colheita:
> Sim, a primeira manhã da criação escreveu
> O que a última alvorada do juízo final deverá ler.

A Liberdade do Destino

Todavia, estritamente falando, isso acaba conduzindo a uma prova de livre arbítrio, mas um livre arbítrio muito mais espantoso do que os defensores daquela doutrina jamais puderam imaginar. Pois, se cada um de nossos atos está determinado pela história prévia do universo inteiro, se o sol, a lua, os planetas e as estrelas estão trabalhando num piscar de olhos, isso quer dizer que, por nossa vez, estamos usando a força deles em todas as nossas atividades. Pois a doutrina do fatalismo, de certo ponto de vista, importa quase em Deus dar ao homem carta branca para usar Sua força como Ele bem entender. Objetivamente, pode ser verdade que em um determinado universo o fatalismo nos dá algo, mas o poder para fazer o que nos agrada e os assuntos simplesmente objetivos têm pouco ou nenhum significado direto para os seres humanos, quando alcançam as coisas da vida realmente importantes, não passando de truísmo a afirmação de que as verdades cruas não têm significado algum, a não ser aquilo que a elas atribuímos. Via de regra, os fatalistas são aqueles que tentam compreender a vida em termos de valores estritamente racionais e objetivos (Os "valores objetivos" têm provavelmente tanta realidade quanto as cores cúbicas). Mas, se o determinismo é uma verdade nua, seu significado depende inteiramente da atitude objetiva que tomamos diante dele, sendo raro que o racionalista tenha a coragem de aceitar a sua força para libertar ou um pessimismo suficientemente abjeto para tomar outra atitude e dizer com Andreyev:

> Amaldiçôo o dia em que nasci. Amaldiçôo o dia em que morrerei. Amaldiçôo toda a minha vida. Atiro tudo de volta à sua face cruel. Destino insensível! Sê amaldiçoado, sê amaldiçoado eternamente! Com minhas maldições, eu o conquisto. O que mais podes fazer por mim? Com meu derradeiro pensamento eu clamarei bem alto para suas orelhas de asno: Sê amaldiçoado, sê amaldiçoado!

Mas mesmo no plano objetivo o determinismo não nos priva de toda a liberdade, porque nenhum metafísico ocidental ou cientista até agora decidiu qual seja a diferença exata entre a alma humana e o próprio destino.

A filosofia oriental é muito clara quanto a esse aspecto e, por essa razão, nunca encontrou qualquer obstáculo no problema do destino-livre arbítrio.

O Vedanta diz que a alma do homem é Brahma, isto é, que nosso eu mais profundo é aquela primeira causa que pôs as rodas do destino em movimento. Mas, então, o Vedanta não compartilha o nosso senso comum da visão do tempo, pois apenas do ponto de vista do *maya* a Primeira Causa foi uma coisa do passado. Na realidade, a Primeira Causa é sempre agora. Nós falamos do princípio e do fim do universo em termos de eternidades, cosmologia e idades, simplesmente porque o intelecto humano não pode captar a natureza da eternidade, a menos que ela se estenda sobre a medida do tempo. Mas, para o filósofo oriental, a criação e a destruição do universo estão se realizando neste momento, sendo isso verdadeiro tanto do ponto de vista metafísico como do psicológico. Não é nosso propósito entrar nos méritos do primeiro, porque ele está completamente fora da experiência cotidiana e não tem por que dar a solução dos problemas humanos mais imediatos, a não ser de um ponto de vista científico ou objetivo.

Em termos de psicologia prática, eu diria que esse conceito metafísico do Oriente é um estado de espírito no qual a relação entre nós mesmos e a vida, o destino, a sorte, já não é uma questão de quem move e quem é movido, agente passivo e força ativa. Implica, portanto, uma mudança na visão da vida que compreende o homem como um ser isolado, sem qualquer senso de união ou relacionamento positivo com o resto do universo, tal como existe tanto externa como interiormente à alma.

A liberdade espiritual não é aparente nesse estado, porque o homem, como unidade isolada, não tem significado, do mesmo modo que o dedo nada significa sem a mão e a mão sem o resto do corpo. Uma vida sem significado é a infelicidade e nós notamos essa ausência de sentido sempre que a visão do homem sobre a vida não é completa, sempre que este vê a si próprio como uma criatura cujos desejos e cuja verdadeira natureza humana não têm relação positiva com o universo.

Nesse sentido, somos apenas irrisórios caprichos do destino e somente podemos encontrar a salvação se nos deixarmos arrastar por um oceano de caos ou se lutarmos por tudo o que pudermos segurar. O homem jamais compreenderá a sua liberdade enquanto considerar-se um simples instrumento do destino ou enquanto limitar a sua liberdade a tudo aquilo que possa fazer, a fim de obter da vida os prêmios que deseja. Para ser livre, ele deve ver a si mesmo e olhar a vida como um todo, não como força ativa e instrumento passivo, mas como dois aspectos de um único processo. Entre esses dois aspectos pode haver harmonia ou conflito, mas o próprio conflito pode provir também do simples processo. Assim, a experiência do homem torna-se completa, quando ele encara o processo da vida como um todo em si mesmo, tal como ele é agora, quando compreende que não há diferença entre os seus próprios pensamentos e ações como eles são neste momento e a natureza do universo. Não que a vida o faça pensar e agir como se fazem com as marionetes. É melhor que os pensamentos do homem e suas obras sejam ao mesmo tempo as suas próprias criações e as criações da natureza impessoal. A vontade do homem e a atividade da natureza são dois nomes para uma única e mesma coisa, pois as ações da vida são as ações do homem e as ações do homem são as ações da vida.

Dois em Um

Não cabe, aqui, indagar quem move e quem é movido, pois o homem vive a sua vida com a mesma força com que a vida o vive.

Isso porque a aceitação total, que parece ser uma resposta à servidão, é realmente uma chave para a liberdade, pois, quando se aceita o que se é agora, o indivíduo torna-se livre para ser o que é neste momento, e também porque o tolo se torna um sábio quando ele se permite ser livre para ser tolo. Na verdade, sempre somos livres para sermos o que somos agora e somente o falso orgulho impede que vejamos isso. Portanto, a aceitação é atividade e passividade em uma unidade. Enquanto passividade, é a aceitação de nós mesmos, de nossos desejos e temores como movimentos da vida, da natureza e do inconsciente. Como atividade, ela nos deixa ser livres, para sermos nós mesmos e termos nossos desejos e temores.

Em conseqüência disso, o ego e o inconsciente, o homem e a natureza, nós mesmos e a vida são vistos como dois dançarinos que evoluem em tão íntimo acordo, que é impossível dizer quem toma a iniciativa e quem responde a ela, quem é o parceiro ativo e quem é o passivo. É possível ter esse sentimento de totalidade não apenas em raros momentos de introspecção, mas também na vida cotidiana, e isso ocorre tão logo compreendamos que todas as nossas atividades são igualmente atividades da natureza e do universo, como são a rotação dos planetas, a água que corre, o ribombar do trovão e o soprar do vento.

Com essa compreensão, devemos nos mover para a frente tão livres e ininterruptamente como o vento. Mas nossa liberdade não nos deixará cheios de nós mesmos, se virmos que nós a dividimos com todas as coisas sob o sol. Pois, se pensarmos que podemos possuir e adquirir a liberdade, ela nos encherá de soberba a ponto de estourar com orgulho espiritual.

Portanto, não se trata de mergulharmos artificialmente em um determinado estado de espírito, porque a liberdade não é diferente do estado de espírito em que nos achamos agora, e, quer o compreendamos, quer o ignoremos, isso não faz diferença para a nossa liberdade. Mas sempre estamos tentando interferir em nossos estados de espírito, como eles se manifestam de momento em momento, imaginando que alguns estão mais perto da liberdade do que outros — cantando "Mais perto de Ti, meu Deus", em vez de "Tu me receberás como eu sou". Precisamente essa interferência expulsa o senso da liberdade, pois o orgulho espiritual nos faz pensar que algumas criaturas e alguns estados de espírito estão mais perto de Deus do que outros.

A aceitação, então, torna-se amor quando nos possibilita ver que Deus não se afasta de nós, mesmo quando estamos cheios de pecados.

Mas somente através de Deus o homem consegue a liberdade? Em outras palavras, pode ele compreender a sua liberdade apenas no momento em que está predestinado a fazê-lo e não antes? Essa questão tem sido mais que um enigma para os teólogos, tendo os Calvinistas opinado pela predestinação e os Católicos, de um modo geral, para o fato de que, embora o homem não seja livre para ser bom sem a graça de Deus, ele se acha, apesar disso, continuamente livre para escolher a aceitação da graça. Assim, Berdyaev escreve em "A Liberdade e o Espírito":

> Se a natureza humana fosse definitivamente pervertida e a liberdade do espírito definitivamente prejudicada, não haveria faculdade no homem, capaz de receber a verdade da revelação,

> e ele seria insensível às operações da graça. Mas o homem, embora ofendido e arruinado, permanece um ser espiritual e preserva a sua consciência religiosa, pois a Palavra de Deus não poderia ser endereçada a um ser que foi privado dela. A liberdade no homem, precede a ação da revelação e da graça.

A resposta parece confusa porque a questão está mal colocada.

Tanto a resposta dos Calvinistas como a dos Católicos parecem frustradas pelo não-reconhecimento de que a aceitação da graça de Deus pelo homem é, nada mais, nada menos, o mesmo ato de doação de Deus. A livre escolha do homem não precede a ação da graça nem a segue, não se podendo dizer que a iniciativa vem de um ou outro lado. As duas ações ocorrem simultaneamente porque são dois aspectos do mesmo processo. A ascensão do homem a Deus e a descida de Deus ao homem. Os teólogos confundem-se porque eles tornam tão difícil e fixa a diferença entre Deus e o homem — uma diferença que, dado o símbolo cristão do Deus-homem, eles deveriam ter evitado. Como Santo Atanásio disse: "Ele transformou em homem o que nós podiamos ter transformado em Deus [1]". Portanto, em termos cristãos, a descida do Deus feito Cristo para o homem é um símbolo histórico de um acontecimento eterno — uma união de Deus e do homem, na qual nenhum deixa de existir (pois Cristo foi tanto homem como Deus) e uma união que alcance a realização de ambos os lados imediatamente. Eckhart colocou isso deste modo:

> É como se alguém ficasse de pé diante da alta montanha e gritasse: "Tu estás aí?". O eco responde: "Tu estás aí?". Se alguém gritar "Saia!", o eco responde: "Saia!".

O eco apenas segue-se à voz, porque há um espaço físico entre o homem e a montanha e porque a montanha não tem língua, não podendo chamar e ser ecoada pelo homem. Mas Deus e o homem estão em união mais íntima e Eckhart diz que "o olho com que eu vejo Deus é o mesmo com que Deus me vê".[2] A realização não está predestinada a vir em um certo tempo, porque a predestinação é uma verdade pela metade completamente limitada. Ela pode vir a qualquer momento, pois essa união existe eternamente. O des-

1. *De Incarnatione,* Verbi, I, cviii.
2. *Meister Eckhart's Sermons,* p. 32. A passagem completa é: "Se meu olho é para distinguir a cor, ele mesmo deve estar livre de toda cor. O olho com que eu vejo Deus é o mesmo com que Deus me vê. Meu olho e o olho de Deus são um único olho, uma única visão, conhecimento único e único amor.

tino é somente a outra face da liberdade, e podemos dizer que estamos fadados a compreendê-lo em um determinado momento apenas porque preferimos vê-lo naquela oportunidade.

Este argumento, naturalmente, não comoverá àqueles que discutem o fatalismo com base na causalidade do mundo objetivo. Esses argüirão que, embora o fatalismo talvez possa dar-nos um sentido de liberdade completamente imaginário, os eventos, todavia, ocorrerão apenas no tempo predestinado, e assim o desenvolvimento do senso de liberdade será fruto da predestinação, como tudo mais. Este tipo de fatalismo não leva em conta o possível relacionamento entre o eu do homem e a "Causa do Destino", sendo tributário em larga medida, da concepção do tempo, do senso comum.

O conhecimento efetivo desses assuntos é rudimentar, para dizermos o mínimo, e por isso não podemos considerar de modo algum o argumento como final. Além disso, a psicologia do inconsciente argumenta contra as menores manifestações do livre arbítrio (isto é, a noção teológica usual) em termos diferentes, explicando as decisões aparentemente livres do ego, consciente como "racionalizações" de impulsos inconscientes. E no entanto, ela choca-se neste ponto com os argumentos da causalidade, pois muitos psicólogos dessa escola não admitem que a causalidade possa ter a sua sede no inconsciente.[3] Do ponto de vista espiritual, contudo, os argumentos puramente filosóficos e científicos são irrelevantes. Tais premissas metafísicas, do modo como são empregadas, podem ser consideradas "hipóteses de trabalho".

O importante é que elas deveriam estar "trabalhando". O cientista e o filósofo podem argumentar até o fim, mas enquanto isso a alma do homem sente sede, e o psicólogo, o sacerdote e o místico têm a temeridade de sugerir que podem haver outros meios de nos aproximarmos dos mistérios últimos que não os da observação de laboratório e de lógica pura.

Pois enquanto o cientista e lógico dissecam e analisam, o místico procura o significado no todo.

A cada momento o místico aceita a totalidade de sua experiência, incluindo-se como é, a sua situação enquanto tal e a relação que se verifica entre elas. A totalidade é a sua palavra-chave. Sua aceitação é total e ele não rejeita qualquer aspecto de sua experiên-

---

3. Cf. Fritz Wittels, *Freud and his Time* (Nova Iorque, 1931), 133-34.

cia, por insípida que possa ser. E nisso ele descobre que a totalidade é a santidade e que a santidade é um outro nome da capacidade de aceitar. Ele é um homem sagrado, pois aceitou a totalidade de si mesmo e assim tornou sagrado o que ele era, é ou será em qualquer momento de sua vida. Sabe que, em cada um daqueles momentos, ele está unido a Deus e que, seja santo ou pecador, a intensidade daquela união nunca muda. Pois Deus é a totalidade da vida, compreendendo todos os aspectos possíveis do homem e sendo conhecido através da aceitação da totalidade da nossa experiência em cada momento. E, para aqueles que não compreendem a palavra Deus, eu cito "Fragmento sobre a Natureza", de Goethe:

> Natureza! Nós estamos rodeados e envolvidos por ela — impossível fugir dela e impossível chegar mais perto da mesma...
>
> A coisa mais artificial também é natureza. Quem não a vê por todos os lados, não a vê em lugar nenhum. A cada momento ela inicia uma longa, longa jornada, e a cada momento chega ao fim dela. Deixa toda criança estender-se sobre ela, qualquer tolo julgá-la, milhares passam negligentemente sobre ela, nada vendo. Também tem amigos entre todos e a recompensa de todos. Mesmo ao resistir às suas leis, nós as obedecemos.
>
> Trabalhamos com ela mesma, desejando trabalhar contra ela.
>
> O amor é sua coroa. Só através do amor nos aproximamos dela.
>
> Ela isolou todas as coisas, para que possa reunir todas juntas.
>
> Tudo está presente nela eternamente, porque ela não conhece nem o passado nem o futuro. Para ela, o presente é a eternidade.

Liberdade e Licenciosidade

Na verdade, as palavras de Goethe parecem sugerir uma liberdade com conseqüências aterradoras ou conseqüências que os sábios da Ásia conheceram e compreenderam, e que os místicos do Cristianismo podem também ter conhecido, embora somente se refiram a ela com extrema reserva. Pois, para o homem livre, todas as coisas são possíveis — mas não prováveis. Sua liberdade é fundada no conhecimento de que a sua união com Deus, com a vida e com a natureza nunca pode ser destruída; que, enquanto ele viver (e, talvez, quando ele estiver morto), nunca poderá fazer nada a não ser representar Deus ou a natureza em tudo aquilo que pensa e faz. Ele é livre porque sabe que, mesmo se descer ao abismo da depravação, não pode de modo algum negar ou separar-se de um universo que abrange todos os extremos e, portanto os reconcilia. Pois, como Deus "fez o sol brilhar para maus e bons", assim também os provê com aquilo de que o Seu sol se faz símbolo — Ele mesmo. Como Whitman diz no seu poema "A Uma Prostituta Comum":

> Até que o sol não a rejeite, eu não a rejeito também.
> Até que as águas se recusem a brilhar para você e as folhas a sussurram-lhe, minhas palavras não recusam brilhar e sussurrar para você.

Assim, na liberdade de espírito nós compreendemos que, quer amemos a vida, quer a detestemos, quer estejamos cheios de compaixão ou de ódio, prodígios ou lascívia, beleza ou horror, sabedoria ou ignorância — cada um e todos esses opostos são tão aceitáveis quanto o dia e a noite, a bonança e a tempestade, o despertar e o sono. Nós não nos sentimos limitados por qualquer padrão prévio de boa conduta, para reagir à nossa experiência no sentido "correto". A qualquer momento, podemos reagir àquela experiência da forma que nos agrada e, conscientemente, seremos tão desinibidos quanto o animal selvagem, instintivamente. Na tristeza, o homem sente-se livre para chorar; na dor, para gritar; na ira, para matar; no tédio, para se embriagar; e na indolência, para perder tempo.

É precisamente esse sentimento de liberdade que o absolve da necessidade de fazer essas coisas, havendo uma outra razão também, da qual falaremos mais tarde. Ele é como um homem com uma mangueira de incêndio. O bocal é o seu corpo físico e o seu cérebro, e a água é a força da vida. Ele é livre para virar aquela mangueira em qualquer direção concebível pois nenhuma mudança de direção ou giro poderá cortar o suprimento da fonte de água da vida, que nunca deixa de fluir em toda a sua força. Em estados de depressão ou morosidade, nós podemos pensar que ela escasseia, mas isso é apenas porque não damos liberdade de espírito à própria expansão. Nós estamos apontando o bocal para o chão e a força que empregamos para mantê-lo abaixado é o nosso esforço para reprimir o espírito.[4]

---

4. Cf. a seguinte passagem do *Saptasatika*: "Ó Sariputra, cometer ofensas é alcançar o inconcebível, alcançar o inconcebível é criar Realidade. E a Realidade por natureza, é não-dual. Aqueles seres animados pelo incon-

Temos uma frase popular que descreve essa liberdade — "Deixe-se ir!".

Na linguagem da religião e da psicologia, isso se chama auto-abandono.

Essencialmente, o auto-abandono da vida é uma aptidão. Uma tentativa deliberada de abandonar-se não pode ser levada a cabo sem fé, pois isso seria como mergulhar em uma torrente ruidosa. Confúcio fala de um homem que, para descer com segurança uma enorme queda d'água, abandonava-se naturalmente à água corrente. Mas a fé seguirá o abandono, contanto que não nos agarremos a alguém na véspera e nos proibamos ser arrastados por uma torrente crescente de apreensões — contanto que pulemos imediatamente.

Isso é abandonar-se à experiência ao estado de espírito como ele é nesse exato momento, estar preparado para deixar que ele nos leve para qualquer lugar que deseja. Mas, como vimos, — tão logo deixemos a vida nos viver, descobriremos que a estamos vivendo com uma plenitude e um prazer completamente novos. Para voltarmos à analogia da dança, é como se permitíssemos que o nosso par, a vida, saísse dançando conosco até que, desse modo, alcançássemos o "sentido" da dança que estamos executando tanto quanto o nosso par. E então ela rirá de nós, e dirá que estivemos fazendo isso todo o tempo, embora tão ocupados tentando calcular os passos por si mesmos, que nos esquecemos do nosso par e até mesmo da dança.

Assim, o homem livre possui o sentimento de um imutável centro em si mesmo — um centro que não está exatamente nem no seu ego nem na vida, na natureza ou no inconsciente, entendidos como independentes do ego. É o meio da dança, o ponto em torno do qual o par gira e no qual ele realiza a união. Ele é livre porque esse centro fá-lo sentir-se absolutamente seguro e em casa no universo. Ele pode alcançá-lo em qualquer lugar, obter dele o que

---

cebível não podem ir nem para os céus, nem para as profundezas do mal, nem para o Nirvana... Tanto as ofensas como os inconcebíveis pertencem à Realidade, e a Realidade, por natureza é não-dual... No Dharmadhatu (Reino da Lei) não há nada bom nem mau, nada alto ou baixo, nada anterior ou posterior". Tradução de Suzuki.

bem entender, pois, como diz Lao Tzu do Tao: "Usando-o achamô-lo inexaurível". Esse centro é o ponto do qual depende o seu sentimento da totalidade e desenvolve por fé — pois ele confia e se abandona à vida, por um lado, e a si mesmo, por outro, e também à dança que há entre ambos. Deus concede a Sua vida e a Sua força a todas as criaturas, confiando em que a usem como desejam, porque Deus é o princípio da fé e do amor.

Quando o homem puder devotar a mesma fé e o mesmo amor a todas as criaturas de sua mente, que são todos os estados de espírito passageiros, então ele se torna um só ser com Deus. Na verdade, o reino dos céus está dentro de nós — o microcosmo do macrocosmo — e o homem encontra a sua liberdade através da fé no seu próprio universo, fazendo o sol de sua aceitação brilhar para os maus e bons. Agora, há nisso uma profunda humildade, pois como Deus conhece a Si mesmo tanto no pecador como no santo, na lama como nas estrelas, assim também o homem, ao compartilhar a liberdade de Deus, deve reconhecer-se em suas profundezas tanto quanto em suas alturas.

Pois nossos verdadeiros professores de sabedoria não são os sábios e seus escritos, mas as criaturas do nosso próprio espírito, os deuses e demônios do pensamento e do sentimento e suas reações ao mundo exterior da experiência. E desses demônios, o mais negro de todos é chamado Lúcifer, o portador da luz, pois ele foi feito para mostrar-nos que há luz nas trevas assim como na luz. Nas palavras de Monoimus, o Gnóstico:[5]

> Deixa de procurar a Deus (como exteriormente a ti) e o universo e coisas semelhantes. Procura-O fora de ti mesmo... e fica sabendo de onde vêm a tristeza e a alegria, o amor e o ódio e desperte, embora tu não despertes e durma, apesar de tu não durmires, e odieis, embora tu não odeies, apaixoneis-vos, embora tu não te apaixones. E, se tu investigares rigorosamente essas coisas, tu O encontrarás em ti mesmo, único e muitos, exatamente como o átomo. Assim, encontrarás em ti mesmo uma saída de ti.

8 — O Amor da Vida

A vida do homem começa quando ele desperta para a liberdade e quanto mais cedo ele descobrir isso, melhor para ele. A re-

---

5. Fragments of a Faith Forgotten G. R. Mead (Londres 1931) p. 223.

ligião, nesse sentido, não é o alvo da vida. É a entrada para ela, sendo que o homem encontrará na liberdade de espírito o mais glorioso instrumento da criação que jamais desejou. Pois ele descobriu Deus não só em pensamentos a respeito de Deus, mas também no próprio pensamento e assim, lembra-se de pensar em Deus, mesmo quando sua atenção está voltada para assuntos mundanos.

Para esses assuntos ele traz novas forças, prazer e espontaneidade, pois ele pode se consagrar a eles sem reservas, sabendo que a espiritualidade não está de modo algum confinada à reflexão sobre as coisas "espirituais". Assim, pode se devotar ao pensamento de pessoas e coisas, de negócios, música, arte, literatura, ciência, medicina, engenharia, comida e bebida, caminhar, respirar e andar, nadar, correr e praticar esportes, olhar as estrelas e lavar as mãos. Ele tem a liberdade de Deus, porque é livre para lembrar de coisas muito importantes e coisas sem nenhuma importância. Pois, se é verdade que os incontáveis seres do universo são os pensamentos de Deus, isso é o que Ele mesmo está fazendo. Então, se a sua compreensão da liberdade é autêntica, disso decorrem dois importantes resultados — um dos quais ocorrerá no seu devido tempo e um outro que, vindo imediatamente, salvaguardá-lo-á contra os abusos da liberdade.

A Realização da Personalidade

Aqueles que, cedo na vida, concebem a sua liberdade, não experimentarão provavelmente os primeiros resultados senão depois dos 40 e poucos anos, desde que jamais permitam que o instrumento da liberdade se torne velho. Ele tem que estar limpo e aguçado como qualquer outra ferramenta. Mas chegará finalmente um tempo em que essa liberdade sofrerá uma transformação da sua estrutura psicológica, o que será perceptível nos sonhos e nas fantasias.

Pois assim como os constantes exercícios do pianista alteram a estrutura de suas mãos, a liberdade constante altera a estrutura da psique. Essa mudança ocorre gradualmente, enquanto que a própria liberdade é geralmente conquistada repentinamente. Mas a psique deve então adaptar os seus "órgãos", pelo crescimento lento, para fazer uso de seu instrumento recém-descoberto. Quando a psique estiver completamente adaptada à sua liberdade, teremos a situação que Jung descreve como a "individuação" — uma *conse-*

qüência, e não uma causa da liberdade espiritual. A característica principal dessa situação já foi descrita (ver cap. 4), mas certos aspectos dela devem ser esclarecidos. Falamos da liberdade como de um sentimento de um centro que há no ser, um ponto imutável de equilíbrio que pode enfrentar todas as circunstâncias sem perder a estabilidade. A princípio este centro é "ideal", no sentido platônico, podendo ser comparado à idéia de uma melodia no espírito do compositor, antes que ela venha a ser executada em um instrumento ou registrada no papel. Mas enquanto ideal, não há nada menos real; não se trata de ideal no sentido de um simples anseio projetado no futuro.

Quando o compositor pensa "um dia eu deverei compor a mais gloriosa das sinfonias", pode-se dizer que ele tem um ideal. Mas quando todas as notas da sinfonia dela são ouvidas em seu espírito e lá permanecem aguardando apenas o instrumento de som mecânico, a sinfonia acha-se, então, em um estado ideal. Para o compositor, contudo, aquela sinfonia é muito real e sua beleza pode ter possivelmente um efeito profundo na sua vida. Do mesmo modo, o centro ideal de liberdade também pode ter um profundo efeito na nossa vida mesmo antes que as faculdades da psique sejam adaptadas para dar a ela a expressão mais completa possível.

Na verdade, porém, eu não estabeleceria limites às possibilidades de expressão da liberdade espiritual; cem vidas não seriam suficientes para consumi-las. Mas assim como a música exige quatro vozes para a expressão completa da melodia e da harmonia, também o ser humano exige quatro faculdades integralmente desenvolvidas para expressar todas as possibilidades da liberdade — e ainda assim elas estarão expressando somente possibilidades. Jung classifica as quatro faculdades ou funções do homem em intuição, sensação, intelecto e sentimento, sendo quase impossível que alguém fosse despertado para todas elas antes de chegar ao meio de sua *vida.*[1] Formam elas uma cruz a intuição oposta à sensação e o intelecto oposto ao sentimento e, via de regra, nós crescemos e chegamos ao meio de nossa vida com apenas duas das faculdades desenvolvidas sem oposição. Assim, para voltarmos à analogia com a música, podemos expressar a liberdade somente com as vozes do soprano e do contralto. Nós podemos sentir o centro da cruz, mas não estar cientes de todos os seus braços. Essas duas vozes

---

1. Para um relato completo das quatro funções, veja Jung. *Psychological Types* (Londres, 1923; Nova Iorque, 1933), especialmente o capítulo 10, secção 11.

ou faculdades podem expressar a liberdade perfeitamente dentro de seus limites, mas pode ser que o compositor deseje uma expressão mais completa do seu sentimento. Portanto, com o tempo, poderemos adquirir a voz mais madura do tenor e, finalmente, alcançar a voz completamente madura do baixo. É como se as quatro pétalas de uma flor tivessem desabrochado uma a uma; quando todas estiverem abertas, a flor poderá crescer. Assim, quando o compositor tiver expressado todas as quatro vozes em instrumentos separados, ele começará a juntar uma a outra, para que o quarteto de cordas se transforme em orquestra de câmara e, finalmente, em orquestra sinfônica maior. Podemos também tomar a analogia musical de outro modo e comparar as quatro faculdades com as quatro divisões orquestrais — cordas, sopro (instrumentos de madeira), sopro (instrumentos de metal) e percussão.

Todavia, não alcançamos esse desenvolvimento quádruplo simplesmente procurando as quatro partes separadamente. As pétalas de uma flor crescem a partir do centro e a razão de ser da orquestra é a sinfonia e a das quatro vozes é a melodia. Portanto, a liberdade espiritual dá-nos a consciência de um centro sobre o qual e pelo qual essas quatro faculdades podem crescer, embora este não seja inteiramente um centro até que todas as quatro estejam igualmente desenvolvidas.

O centro de um semicírculo apenas idealmente é o centro de um círculo. Assim, podemos alcançar na junventude esse centro de liberdade, ao girar ao seu redor a psique, ainda imatura, inclinar-se-á para um dos lados. Com admirável persistência, os símbolos desse desenvolvimento quadruplicado ocorrem na religião e na mitologia do mundo inteiro.

No Cristianismo, é a cruz; no Budismo, a *suástica,* uma *mandala* quadruplicada e um *dorje* cruzado à volta de um círculo; na filosofia chinesa primitiva, os quatro *hsiang* ou emblemas do *"I Ching"*, nas cartas de baralho, os quatro naipes — a lista poderia prosseguir indefinidamente.[2]

Posteriormente, esse desenvolvimento quádruplo pode ser conscientemente conduzido, embora muitos deixem de compreendê-lo, pois não têm ciência da sua liberdade e assim não possuem centro criativo. Eles simplesmente sucumbem às palavras do inconsciente, esquecendo a realidade da liberdade em seus símbolos psicológicos.

---

2. Cf. Jung, *Psychology and Religion* (New Haven, 1938), capítulo 3.º. Também *Integration of Personality,* capítulos 2 e 4.

Pois os símbolos da individuação, que aparecem nos sonhos e nas fantasias, surgem como instrumentos para a liberdade e seguem o "modelo" real da liberdade. Eles podem surgir, mesmo se a liberdade não for consumada — do mesmo modo que algumas pessoas têm miolos, mas não têm espírito. Porém, é comum que em tais casos as imagens do sonho mostrem as quatro faculdades com um centro vazio e não-desenvolvido.

Contudo, Jung descreve o centro como um "ponto virtual entre o ego e o inconsciente", porque, como vimos, a liberdade surge da aceitação total. Essa aceitação não é apenas um ato unilateral do ego, "deixando partir" para a vida o inconsciente e assim negando completamente sua natureza egoística. Isso é um falso dualismo. A aceitação total implica tanto o ego como o inconsciente, presta a devida atenção às exigências de ambos e os une sem destruir a sua diferença funcional. Portanto, no processo de individuação, pode-se dizer que a psique desenvolve um novo "órgão", que Jung chama de eu, diferente ao mesmo tempo do ego e do inconsciente. Esse eu, como instrumento de liberdade, aparece, via de regra, apenas na maturidade quando a liberdade se tornar um hábito e tiver moldado o organismo humano a fim de que este se ajuste a seus fins, do mesmo modo que a água que corre eternamente abre um caminho permanente na rocha.

Essa é a realização da personalidade.

Os Opostos como uma Expressão de Amor

De muitas maneiras, entretanto, o mais importante mesmo são os resultados imediatos de uma autêntica realização da liberdade. Isso é aquela resposta do indivíduo a Deus, conhecida como crença ou adoração, que tem sua base no amor. Na compreensão da nossa liberdade, aprendemos que, por mais fundo que possamos descer, nunca podemos nos separar da força da vida e do amor. Pois, aprendendo a aceitar todos os estados possíveis de nossas próprias almas, aprendemos que Deus aceita todos os tipos possíveis de homens, animais e demônios. O símbolo físico desse amor é o sol, embora seja incompleto, como todo símbolo físico. Embora o universo físico nos envie tanto alegria como dor, a vida como a morte, no reino espiritual todos esses opostos são reconciliados. Eles não são apenas necessários um ao outro, mas, tomados conjuntamente, a vida e a morte constituem vida mais gloriosa do que a vida apenas — uma verdade que só pode ser provada pela aceitação. Pois, se aprendermos a amar tanto a vida como a morte, descobriremos que a vida e a morte são, por sua vez, uma expressão do amor. Se nós aprendermos a amar, de acordo com a liberdade, tanto as alturas quanto as profundezas da nossa própria natureza, compreenderemos imediatamente que esse amor não é algo que criamos sozinhos mas que ele está na própria natureza do universo, sendo as nossas alturas e profundezas ininteligíveis sem ele. Assim como o amor é o significado do homem e da mulher e tem o seu símbolo na criança, do mesmo modo só o amor pode explicar todas as outras oposições existentes sob o sol. E esse significado, esse amor que é a razão de ser dos opostos, existia muito antes que a nossa aceitação dos opostos o revelasse, pois a aceitação é apenas um meio de ver aquilo que já existe. Sem esses muitos opostos não poderia haver mais um universo, da mesma forma que não poderia haver melodia sem o som e o silêncio das notas e só aqueles que não os aceitam lamentam que o universo tenha sido inadequadamente organizado. Inaceito, o universo não tem significado; não passa de fatalidade insensata e caos, mas a aceitação é o meio de descobrir o significado, não de fabricá-lo.

Assim, há alturas e profundezas no homem, do mesmo modo que há dia e noite no mundo exterior, sendo ambos vistos como manifestações do amor de Deus, quando o próprio homem aprende a amá-los, pois o amor de Deus e a aceitação pelo homem são dois aspectos de uma mesma realidade. Nas palavras de Eckhart, "Como Deus só pode ser visto pela Sua própria luz, assim Ele só pode ser amado por Seu próprio amor".[3] O amor, contudo, não deve ser confundido com a amizade. Nós podemos amar os opostos mas, por causa da nossa natureza humana, não podemos gostar eternamente deles.

Somente o pervertido gosta realmente de sofrer, mas o amor do sofrimento é conhecido ao dar vazão ao seu desamor por ele. Pois, sem desamor da nossa parte, o sofrimento já não é sofrimento.[4]

---

3. *Meister Eckhart's Sermons*, p. 57.

4. Cf. *Acts of John*, 96. "Se tu tivesses sabido como sofrer, tu terias sido capaz de não sofrer. Aprende a sofrer e tu serás capaz de não sofrer". A tradução é de M. R. James, em seu *Apocryphal New Testament* (Oxford UP, 1924), p. 254.

A revelação através da aceitação de que no amor nós somos livres, tanto para nossas culminâncias como para as nossas profundezas, evoca-nos uma reação de amor e admiração pela vida e por Deus, se pudéssemos ver a vida como o aspecto externo de Deus. Nós nos lembramos das palavras de Santo Agostinho, "ame e faça como você deseja", pois no amor, como na aceitação, o homem não nega nenhum aspecto de sua natureza. Ele compreende que a vida ou Deus deram-lhe a liberdade de ser qualquer coisa ou algo importante que está nele, bom ou mau. Mas, como diz Eckhart, "não há liberdade interior que não se manifeste nas atividades do amor".[5] Pois o homem livre está tão cheio de gratidão para com a vida, pela liberdade de poder ser todo ele, que ele *renuncia a isso alegremente*. Eis aí onde a verdadeira liberdade se protege contra o abuso. A gratidão torna isso possível, ao sacrificar a liberdade de ser imoral, substituindo-a pela compreensão de que a imoralidade e o pecado são insignificantes e monótonos. Em um universo onde a liberdade de espírito oferece possibilidades tão gigantescas, o pecado é uma simples perda de tempo. Para usarmos uma analogia vulgar, é como devorar alguém com sacarina, quando poderíamos degluti-lo em um lauto banquete. Pois, em última instância, o pecado é o mau gosto; é o sensacionalismo, tão avesso à sensibilidade.

Por causa de sua gratidão, a religião do homem livre é principalmente um meio de dizer "obrigado". Ela já não é um meio para descobrir a salvação, pois a religião, como busca de iluminação pessoal, é necessária mas egoísta, sendo, até que a liberdade seja descoberta, uma tentativa cega de criar para si o que simplesmente deve ser recebido sem mais — "procurando fogo com a lanterna acesa". Assim, a religião da liberdade consiste em usar essa liberdade e agradecer por ela, pois apenas uma fé morta não se deixa ver através de obras. Ao mesmo tempo a liberdade é uma grande responsabilidade. Há um ditado que diz que, embora Deus perdoe, a natureza nunca perdoa, pois o homem livre de modo algum escapa às conseqüências concretas da loucura. Se ele abusa da sua liberdade, não a perde, mas tem que pagar o preço material pelo abuso — preço este, maior para ele do que para os outros.

5. Ibid., p. 54.

É como se seus pensamentos e atos fossem influenciados por uma força maior e assim produzissem resultados mais poderosos. Todos os homens usam o poder de Deus, mas aqueles que o usam com plena consciência têm de ser particularmente cuidadosos quanto à maneira de usá-lo. É difícil acreditar, contudo, que algo a não ser uma interpretação radicalmente equivocada, pudesse conduzir ao abuso, tão grande é a gratidão que emana da verdadeira compreensão. Via de regra, essa gratidão exige expressão no ritual da crença, sendo que alguns rituais foram originariamente uma dança de alegria. Até mesmo Cristo canta no apócrifo "Feitos de João".[6]

> A Graça dança. Eu tocarei flauta. Dancem todos vocês.
>
> . . . .
>
> O Todo lá no alto tem parte em nossa dança.
> Quem quer que não dance não sabe o que vai percorrer.

Às vezes o homem livre conduz o seu ritual de ação de graça silenciosamente, dentro de si mesmo; outras vezes, ele o conduz nas igrejas e templos com outras pessoas, concedendo-lhe toda beleza de que a música, as canções e a beleza visual são capazes. Como a religião, o Budismo principiou sem um Deus, mas o princípio de "Buda" foi elevado até ao nível de Deus, simplesmente para oferecer um ponto focal à gratidão que a experiência da liberdade ou Nirvana inspiraram. É, portanto, significativo que o Zen, filosófica e praticamente um destruidor de formas e imagens, possua um ritual altamente elaborado. Embora ele insista, talvez mais do que qualquer outra forma de Budismo, na natureza interna do princípio de Buda, as imagens físicas dos Budas são, no entanto, tratadas com a maior reverência. A Iconoclastia pode ser necessária para a compreensão da liberdade, mas depois disso encontramos um novo sentimento para todos os símbolos religiosos da vida, do universo e daquele "Amor que move o sol e as outras estrelas".

Mas há aqueles a quem os símbolos nunca satisfazem, além de que a gratidão da liberdade é tão exuberante que as formas de religião nunca podem absorvê-la. Essa gratidão, portanto, exige expressão em "obras de amor", isto é, na moralidade. Torna possível pela primeira vez uma moralidade autêntica, pois o homem livre é virtuoso porque deseja sê-lo e não por achar que deve sê-lo. Sem gratidão, a moral é uma simples disciplina que mantém a so-

---

6. *Acts of John,* 95.

ciedade humana em uma condição relativamente estável por algum tempo, até que os homens aprendam a liberdade do amor. Mas enquanto disciplina, ela não pode ensinar o amor e como exercício religioso não é mais do que a imitação do comportamento do homem livre. A liberdade, como privilégio de ser tudo o que se é, é amoral, mas a gratidão que corresponde a essa liberdade é moral.

A liberdade é como um diamante que brilha com igual esplendor em todas as faces. Ele surge de repente, tanto no lodo como na seda, mas aqueles que o apreciam não o deixam no lodo e assim organizam as suas vidas de modo a proporcionar ao diamante o mais formidável dos cenários.

Mas do mesmo modo que as pedras preciosas têm que ser desenterradas das profundezas da terra, também o homem tem que compreender a sua liberdade aceitando as profundezas do seu próprio ser.

A compreensão faz seu trabalho, quando precisamente a nossa vida se torna uma expressão de gratidão, e essa é a maior felicidade, pois o significado da felicidade consiste em três elementos — liberdade, gratidão e senso de admiração.

Esses três elementos podem estar presentes no mais comum dos mortais.

O homem livre não é necessariamente um mago, um vidente ou um místico, absorto por inefáveis estados de consciência. Assim, muitos cometem o erro de buscar a felicidade em reinos excessivamente sensuais, que não podem ser encontrados aqui na terra, buscando uma "consciência cósmica" oculta para libertá-los das monótonas experiências da vida cotidiana.

Não se pode dizer com tanta freqüência que a Grande Iluminação não seja um fantástico e extraordinário estado de consciência afastado da experiência comum. Ela abrange quaisquer estados de consciência ou inconsciência concebíveis (embora na inconsciência ele não possa ser visto), mas as pessoas são desorientadas pelas formas simbólicas em que ele vem expresso.

A Grande Iluminação é o estado de consciência que temos neste momento, sendo reconhecida como tal somente quando deixamos de fugir dela e consintamos em que ela se revele. E tendo encontrado a liberdade em lugar tão inesperado, seremos tomados de gratidão e admiração. Pois na sua forma mais grandiosa, a admiração é reverência para com todas as formas de vida, das mais desenvolvidas às mais rudes. É uma apreciação do mistério de que a divindade é revelada através das coisas mais banais. Por essa razão, Dmitrije Mitrinovic (um filósofo iugoslavo pouco conhecido) certa vez disse que a gnose deveria surpreender-se com tudo.

A Experiência do Mistério

Geralmente, um grande conhecimento dos mistérios do universo aumenta o orgulho, sendo que, ao desnudarmos todos os mistérios, corremos o risco de nos tornarmos entediados. Se tentarmos descobrir o segredo da beleza reduzindo uma flor a pedaços, chegaremos à conclusão um tanto insatisfatória de que eliminamos a flor. Pois a beleza é como tal exatamente por ser um mistério; assim, quando concebemos a vida comum como um profundo mistério, podemos dizer que estamos próximos da sabedoria.

Eis aqui uma nova ligação entre o mistério e o misticismo, uma ligação que às vezes, é injustamente negada. Mas nós vamos rejeitar toda curiosidade científica e admitir a máxima de que se a ignorância é felicidade, é tolice ser sábio? Naturalmente, a vantagem é que todo grau de sabedoria tem sua contrapartida de tolice, sendo as duas tão parecidas, que o sábio simplesmente é sábio por saber distinguir entre as duas. Assim como a mais alta e a mais baixa nota musical são ambas inaudíveis, o ignorante e o sábio se parecem ambos com o mistério. A diferença entre os dois é que, mesmo que explicássemos o mistério ao sábio, ele permaneceria misterioso, enquanto que o tolo ficaria simplesmente desapontado e desiludido. Pois este imagina que a explicação, a divisão e a análise deveriam ter arruinado o mistério; o sábio veria que não tinha sequer começado a explicá-lo. O tolo pensaria ter se tornado sábio por isso. O sábio, por sua vez, saberia que ele ainda foi um tolo. Portanto, se se disser ao sábio, como alguns "místicos", que esse mundo cotidiano é um simples espectro conjurado por sentidos enganosos de uma essência primordial amorfa, ele não ficará muito impressionado. Se um médico explicar as transformações sofridas pelo alimento em seu estômago, nem por isso ele deixará de desfrutar de seu jantar.

Se um cientista lhe disser que o trovão não é a música dos deuses, mas um mero distúrbio elétrico, o trovão não será menos maravilhoso para ele. E se algum filisteu lhe disser que tocar um violino não é apenas raspar as entranhas dos gatos com crina de cavalo, ele simplesmente admirará que a melodia possa emergir de coisas aparentemente tão repugnantes. Pois o que é especialmente interessante quanto às explicações, é que elas não explicam; o que é especialmente perigoso nelas é no caso de serem tomadas muito a sério, elas simplesmente explicam as coisas satisfatoriamente. E mesmo se recorrermos à derradeira loucura de explicar satisfatoriamente todas as coisas, ainda permanecerá o impenetrável mistério de o que é isso que explica e por que?

O Amor que Move...

Assim, para o homem livre, há tanta divindade e mistério em um tijolo como em todas as ramificações do ocultismo, pois para ele um tijolo é como um mliagre. O espírito encontra tanta liberdade ao observar os pardais na rua de uma cidade, quanto ao meditar em solidão no alto de uma montanha, sob as estrelas. Essa liberdade exprime-se tanto em descascar batatas, como em fazer o órgão de uma catedral vibrar a nota suave de uma fuga. Pois o homem livre tornou-se ciente do mistério de que a força total do universo atua nas menores coisas, nos pensamentos mais simples e nas ações mais humildes. Ao levantar um dedo, ele faz uso da mesma força que arremessa as estrelas através do espaço e origina a sua luz, que ribomba no trovão e sussurra no vento, que engendra uma árvore gigantesca do embrião microscópico de uma semente e transforma as montanhas em finas nuvens de pó. Em tudo o que ele sente, pensa ou faz, não pode separar-se dessa força; ele sabe que, a despeito de todos os equívocos, suposições e temores, nem por um momento deixa de participar de sua enorme liberdade. Ele sabe que a expressa tanto na vida como na morte, tanto na criação como na destruição, sendo sábio e sendo tolo. Mesmo assim ele não fica cheio de si, como um gigante espiritual que aceitou toda a vida e reconciliou todos os opostos. Sabe que, por causa do amor de Deus, a vida nunca precisou ser aceita nem os opostos reconciliados, pois na aceitação ele despertou para ver o quanto esse amor alcançou desde o princípio do tempo.

De fato, os vermes, as pulgas, os idiotas e os ébrios aceitam-na tanto quanto ele próprio, e, mesmo que não a conheçam como ele, não pode negar-lhes uma só partícula da reverência que concede aos santos e sábios.

Ele sabe que, se há algum tolo, este tolo é ele mesmo por não ter descoberto o seu tesouro muito antes. Assim, no momento da iluminação, compreende que o universo é um mistério muito maior que ele jamais poderia esperar compreender pois a perplexidade mais profunda de todas é que a tal criatura, como ela mesma, deveria ser permitido usar no menor de seus feitos a força que move as estrelas.

Por isso, ele dirá com Dante: [7]

> Mas as minhas asas não serviam ao vôo: a não ser quando, riscado o réu da mente foi por súbito fulgor, feito relâmpago. Então, o rigor faltou a tão sublime fantasia; mas o meu querer e o meu desejo foram movidos, como roda a girar, pelo Amor que move o Sol e as outras estrelas.

---

7. *Paraíso,* 33, cxxxix-cxlv. A tradução é de Melville B. Anderson em sua *Divine Comedy of Dant Alighieri,* direitos autorais de 1921, World Book Company, Yonkers, Nova Iorque.

BIBLIOGRAFIA

Esta bibliografia não pretende de qualquer modo ser cansativa nem registra todas as palavras consultadas ao se escrever este livro. Ela foi elaborada a partir de obras facilmente acessíveis que, provavelmente, são de interesse do leitor comum que deseja explorar mais os assuntos levantados neste livro.

A PSICOLOGIA DO INCONSCIENTE

COSTER, GERALDINE. *Yoga and Western Psychology.* Oxford University Press, 1934.

———. *Psychoanalysis for Normal People.* Oxford University Press, 1932.

FREUD, SIGMUND. *General Introduction to Psychoanalysis.* New York, 1935.

GRODDECK, GEORG. *The World of Man.* London, 1935.

HADFIELD, J. A. *Psychology and Morals.* London, 1936.

HEYER, G. R. *The Organism of the Mind.* London, 1933.

HINKLE, BEATRICE. *The Recreating of the Individual.* New York, 1923.

HOWE, E. GRAHAM. *I and Me.* London, 1935.

———. *War Dance.* London, 1937.

———. *The Open Way.* London, 1939. (In collaboration with L. le Mesurier.)

JUNG, C. G. *Modern Man in Search of a Soul.* New York, 1933.

———. *Psychological Types.* New York, 1933.

———. *Psychology and Religion.* New Haven, 1938.

———. *Two Essays on Analytical Psychology.* New York, 1928.

———. *The Integration of Personality.* New York, 1939.

———. *The Secret of the Golden Flower.* New York, 1931. (With Richard Wilhelm.)

WHEELER, R. H. *The Laws of Human Nature.* New York, 1932.

WICKES, F. G. *The Inner World of Man.* New York, 1938.

WITTELS, FRITZ. *Freud and His Time.* New York, 1931.

PSICOLOGIA ORIENTAL E RELIGIÃO

BALLOU, ROBERT. *The Bible of the World.* New York, 1939.

BECK, L. ADAMS. *The Story of Oriental Philosophy.* New York, 1931.

BESANT, ANNIE. *The Bhagavad-Gita.* London, 1918. (With Bhagavan Das.)

BUDDHIST LODGE. *What Is Buddhism?* London, 1931.

———. *Concentration and Meditation.* London, 1935.

CARUS, PAUL. *The Gospel of Buddha.* Chicago, 1894.

CH'U TA-KAO. *Tao Te Ching.* London, 1937.

CRANMER-BYNG, L. *The Vision of Asia.* London and New York, 1932.

DAVIDS, C. A. F. RHYS. *Manual of Buddhism.* London, 1932.
———. *Outlines of Buddhism.* London, 1934.
———. *What Was the Original Gospel in Buddhism?* London, 1938.

DEUSSEN, PAUL. *Outline of the Vedanta.* New York, 1907.

DVIVEDI, M. N. *The Yoga-Sutras of Patanjali.* Madras, 1934.

GILES, H. A. *Chuang Tzu.* Shanghai and London, 1926.

GILES, LIONEL. *Musings of a Chinese Mystic* (Chuang Tzu). London and New York, 1920.
———. *Taoist Teachings* (Lieh Tzu). London and New York, 1925.

GODDARD, DWIGHT. *A Buddhist Bible.* Thetford, Vt., 1938.

GUENON, RENÉ. *Man and His Becoming.* London, 1928.

LEGGE, JAMES. *Yi King.* Oxford University Press, 1882.

MASCARO, JUAN. *Himalayas of the Soul.* London and New York, 1938.

OKAKURA, K. *The Book of Tea.* Edinburgh, 1919.

OTTO, RUDOLF. *Mysticism of East and West.* London, 1932.

PRATT, J. B. *The Pilgrimage of Buddhism.* New York, 1928.

RADHAKRISHNAN, S. *Vedanta.* London, 1928.
———. *Philosophy of the Upanishads.* London, 1935.

SENZAKI, NYOGEN. *The Gateless Gate.* Lon Angeles, 1934.

SUZUKI, B. L. *Mahayana Buddhism.* London, 1938.

SUZUKI, D. T. *Essays in Zen Buddhism.* 3 vols. London and Kyoto, 1927, 1933, 1934.
———. *Introduction to Zen Buddhism.* Kyoto, 1934.
———. *Die Grosse Befreiung.* With an Introduction by C. G. Jung. Leipzig, 1939. (German translation of the above.)

SUZUKI, D. T. *Manual of Zen Buddhism.* Kyoto, 1935.
———. *Lankavatara Sutra.* London, 1932.
———. *Studies in the Lankavatara Sutra.* London, 1930.

VIVEKANANDA, SWAMI. *Raja Yoga, Karma Yoga, Inana Yoga, Bhakti Yoga.* All in various eds. by the Advaita Ashrama, Almora, India.

WALEY, ARTHUR. *The Way and Its Power* (Tao Te Ching). London, 1935.

WATTS, ALAN W. *The Spirit of Zen.* London and New York, 1936.
———. *The Legacy of Asia and Western Man.* London, 1937; Chicago, 1938.

WONG MOW LAM. *Sutra of the Sixth Patriarch.* Shanghai 1930.

WOODROFFE, JOHN. *Shakti and Shakta.* London and Madras, 1929.

OBRAS VARIADAS

BERDYAEV, NICOLAS. *Freedom and the Spirit.* London, 1935.

ECKHART, MEISTER. *Meister Eckhart's Sermons.* Trans. Claud Field. Allenson, London, n.d.

JAMES, M. R. *The Apocryphal New Testament.* Oxford University Press, 1924.

JAMES, WILLIAM. *Varieties of Religious Experience.* New York and London, 1929.

KEYSERLING, HERMANN. *Creative Understanding.* London and New York, 1929.

MEAD, G. R. S. *Fragments of a Faith Forgotten.* London, 1931.

STARBUCK, E. D. *Psychology of Religion.* London, 1899.

UNDERHILL, EVELYN. *Mysticism.* London, 1930.

Leia também

INTRODUÇÃO AO ZEN-BUDISMO

D. T. Suzuki

Depois de O LIVRO DO CAMINHO PERFEITO (Tao Té Ching), *de Lao Tsé, e de outras obras de relevo tais como O EVANGELHO DE BUDA, do Yogi Kharishnanda (volume que constitui uma transcrição dos Pitakas, as escrituras sagradas do Budismo); de DHAMMAPADA (Caminho da Lei)/ ATTAKA (O Livro das Oitavas), volume duplo que enfeixa uma doutrina budista em versos; e de NEM ÁGUA, NEM LUA, em que Bhagwan Shree Rajneesh reconta dez histórias zen, a Editora Pensamento brinda o leitor com essa fundamental INTRODUÇÃO AO ZEN-BUDISMO, de Daisetz Teitaro Suzuki.*

Nascido em 1870, Suzuki lecionou Filosofia Budista na Universidade Otani de Quioto, no Japão, acabando, provavelmente, por se tornar a maior autoridade em Zen-Budismo no mundo todo. O Dr. Suzuki não somente estudou as obras originais nas línguas sânscrita, páli, chinesa e japonesa, como também desenvolveu conhecimentos atualizados de filosofia ocidental originalmente escrita em alemão, francês e inglês. Suzuki deu muitos passos além dos de um simples scholar. *Conquanto não fosse monge de nenhuma seita budista, era reverenciado nos templos japoneses por seu conhecimento das coisas espirituais. Dissertando sobre os elevados estados de consciência, ele o fazia como alguém que experimentara esses estados, e a impressão que deixava naqueles que o ouviam com atenção era a de um homem que buscava os símbolos intelectuais com os quais pudesse descrever o estado de percepção que subjaz "além do intelecto".*

Assim, a natureza, a técnica e a prática do Zen, do modo como foram descritas no volume, e o vigor das histórias zen auxiliarão o leitor a procurar o Zen no único lugar onde ele deverá ser encontrado: além dos grilhões do intelecto.

EDITORA PENSAMENTO

O LIVRO DO CAMINHO PERFEITO

Tao té ching

Lao Tsé

Há versos do *Tao té ching* que lembram o clarão rápido e ofuscante do raio. Numa fração de segundo, apanhamos a sua mensagem, que de tão cristalina que é, dispensa o comentário prolongado: "Quando não valorizamos os artigos difíceis de obter, estamos impedindo que sejam roubados." (. . .) Quando o ouro e o jade enchem um salão, seus donos não poderão manter a segurança." (. . .) "Quando a riqueza e as honrarias conduzem à arrogância, decerto o mal virá logo a seguir."

E, como o raio, estes versos trarão consigo o ruído do trovão, conduzindo-nos à reflexão demorada. No entanto, alguns dos seus versos, inapreensíveis de imediato, não poderão prescindir da explicação do Dr. Murillo Nunes de Azevedo, monge budista e tradutor vigoroso. Assim, em versos como "Suavizai o corte/Desfazei os nós/Diminuí o brilho", encaixa-se, com perfeição, a lição breve e sagaz de MNA ("Os nós e o 'corte' referem-se às dificuldades que criamos, às situações insolúveis, porque estão cheias de nós. O 'corte' é a supressão constante do intelecto, do raciocínio lógico, que decepa o que é uno. O 'brilho' decorre do polimento produzido pelo conhecimento livresco, adquirido quando o homem passa a brilhar com o fulgor das citações, da repetição mecânica do que foi dito por outros, mas por trás disso não possui profundidade."), cujo nome, de ora em diante, estará ligado aO *Livro do Caminho Perfeito*, que Lao Tsé, segundo se sabe, teria escrito durante um pernoite, por solicitação de um guarda de fronteira. A tradição se esqueceu do nome daquele funcionário, espantado com a figura ímpar dum velhote de barbicha montado num boi, e que se mudava de cidade porque as misérias do Mundo e, particularmente, as coisas da administração local, eram de arrepiar caminho. Foi uma grande sorte para nós todos que aquele guarda se lembrasse de pedir ao filósofo um resumo da sua sabedoria, porque o *Tao té ching*, como o leitor estudioso logo irá dar-se conta, inclui, numas poucas páginas, uma Metafísica, uma Moral e uma Política.

EDITORA PENSAMENTO

Editora Pensamento

Rua Dr. Mário Vicente, 374
04270 São Paulo, SP

Livraria Pensamento

Rua Dr. Rodrigo Silva, 87
01501 São Paulo, SP

Gráfica Pensamento

Rua Domingos Paiva, 60
03043 São Paulo, SP